Kauderwelsch
Band 82

Impressum

Bernardo Christophe
Lettisch – Wort für Wort
erschienen im
REISE KNOW-HOW Verlag Peter Rump GmbH
Osnabrücker Str. 79, D-33649 Bielefeld
info@reise-know-how.de

3. Auflage 2002

Bearbeitung Claudia Schmidt
Layout Elfi H. M. Gilissen
Layout-Konzept Günter Pawlak, FaktorZwo! Bielefeld
Umschlag Peter Rump (Titelfoto: Rainer Höh)
Kartographie Iain Macneish
Fotos Peter & Rainer Höh
Druck und Bindung Fuldaer Verlagsagentur, Fulda

ISBN 3-89416-273-2
Printed in Germany

Dieses Buch ist erhältlich in jeder Buchhandlung der BRD, Österreichs, der Schweiz und der Benelux. Bitte informieren Sie Ihren Buchhändler über folgende Bezugsadressen:
BRD Prolit GmbH, Postfach 9, 35461 Fernwald (Annerod) sowie alle Barsortimente
Schweiz AVA-buch 2000, Postfach 27, CH-8910 Affoltern
Österreich Mohr Morawa Buchvertrieb GmbH, Sulzengasse 2, A-1230 Wien
Belgien & Niederlande Willems Adventure, Postbus 403, NL-3140 AK Maasluis
direkt Wer im Buchhandel kein Glück hat, bekommt unsere Bücher zuzüglich Porto- und Verpackungskosten auch direkt beim **Rump Direktversand**, Heidekampstraße 18, D-49809 Lingen oder über unseren Internet-Shop: **www.reise-know-how.de**
Zu diesem Buch ist ein **Tonträger** erhältlich, ebenfalls in jeder Buchhandlung der BRD, Österreichs, der Schweiz und der Benelux.
Der Verlag möchte die **Reihe Kauderwelsch** weiter ausbauen und **sucht Autoren**!
Mehr Informationen finden Sie auf unserer Internetseite
www.reise-know-how.de/buecher/special/schreiblust-inhalt.html

Kauderwelsch

Bernardo Christophe

Lettisch

Wort für Wort

Reise Know-How
im Internet
www.reise-know-how.de
info@reise-know-how.de

Aktuelle Reisetipps
und Neuigkeiten,
Ergänzungen nach
Redaktionsschluss,
Büchershop und
Sonderangebote
rund ums Reisen

Die
Reise Know-How Verlag
Peter Rump GmbH
ist Mitglied der
Verlagsgruppe Reise Know-How

Kauderwelsch-Sprechführer sind anders!

Warum? Weil sie Sie in die Lage versetzen, wirklich zu sprechen und die Leute zu verstehen.

Wie wird das gemacht? Abgesehen von dem, was jedes Sprachbuch bietet, nämlich Vokabeln, Beispielsätze etc., zeichnen sich die Bände der Kauderwelsch-Reihe durch folgende Besonderheiten aus:

Die **Grammatik** wird in einfacher Sprache so weit erklärt, dass es möglich wird, ohne viel Paukerei mit dem Sprechen zu beginnen, wenn auch nicht gerade druckreif.

Alle Beispielsätze werden doppelt ins Deutsche übertragen: zum einen **Wort-für-Wort**, zum anderen in „ordentliches" Hochdeutsch. So wird das fremde Sprachsystem sehr gut durchschaubar. Denn in einer fremden Sprache unterscheiden sich z.B. Satzbau und Ausdrucksweise recht stark vom Deutschen. Ohne diese Übersetzungsart ist es so gut wie unmöglich, schnell einzelne Wörter in einem Satz auszutauschen.

Die **Autorinnen** und **Autoren** der Reihe sind Globetrotter, die die Sprache im Land selbst gelernt haben. Sie wissen daher genau, wie und was die Leute auf der Straße sprechen. Deren Ausdrucksweise ist nämlich häufig viel einfacher und direkter als z.B. die Sprache der Literatur oder des Fernsehens.

Besonders wichtig sind im Reiseland **Körpersprache, Gesten, Zeichen** und **Verhaltensregeln**, ohne die auch Sprachkundige kaum mit Menschen in guten Kontakt kommen. In allen Bänden der Kauderwelsch-Reihe wird darum besonders auf diese Art der nonverbalen Kommunikation eingegangen.

Kauderwelsch-Sprechführer sind keine Lehrbücher, aber viel mehr als Sprachführer! Wenn Sie ein wenig Zeit investieren und einige Vokabeln lernen, werden Sie mit ihrer Hilfe in kürzester Zeit schon Informationen bekommen und Erfahrungen machen, die „taubstummen" Reisenden verborgen bleiben.

Inhalt

Grammatik

Vorwort

Zu den vielen positiven Auswirkungen des Umbruchs in Osteuropa gehört auch, dass Lettland kein weißer Fleck auf der Reisekarte westeuropäischer Touristen mehr ist. Dies ist um so erfreulicher, als es sich gerade bei Lettland um ein landschaftlich wunderschönes Land mit vielfältigen Attraktionen und einer langen interessanten Geschichte handelt. Auffallend sind die engen Verbindungen zu Deutschland und seiner Kultur; es faszinieren aber auch die vielen slavischen, finnisch-ugrischen, skandinavischen und -- vor allem durch die Zugehörigkeit zur ehemaligen Sowjetunion bedingt - kaukasischen und zentralasiatischen Elemente. Eine Reise nach Lettland ist garantiert ein unvergessliches Erlebnis.

Nach der Wiederherstellung der staatlichen Unabhängigkeit im Jahre 1991 hat in Lettland so gut wie jeder versucht, sich eine westliche Sprache anzueignen. Trotzdem wird es für den Reisenden immer von Vorteil sein, sich wenigstens die Anfangsgründe der lettischen Sprache anzueignen. Genau dies will der Kauderwelsch-Band „Lettisch Wort-für-Wort" ermöglichen: Die Grammatik ist übersichtlich und so einfach wie möglich dargestellt. Dabei musste natürlich manches vereinfacht oder ganz weggelassen werden. „Kenner" der lettischen Sprache könnten deshalb das eine oder das andere vermissen oder gar bemängeln wollen.

Angesichts der ethnischen Situation in Lettland muss man – insbesondere im Osten des Landes – damit rechnen, dass in einigen Ortschaften die Umgangssprache nach wie vor Russisch ist. Hierfür sei ergänzend der Kauderwelsch-Band „Russisch Wort-für-Wort" empfohlen. Auch in Riga selbst ist der Anteil der russischsprachigen Einwohner nach wie vor ziemlich hoch.

Ich möchte an dieser Stelle all denjenigen danken, die durch ihre Zuschriften dazu beitrugen, dass übersehene Tipp- und Sachfehler in den früheren Ausgaben dieses Bandes beseitigt werden konnten.

Bernardo Christophe, Hanau, Januar 2002.

Hinweise zur Benutzung

Die Grammatik beschränkt sich auf das Wesentliche. Wer nach der Lektüre gerne noch tiefer in die Grammatik der lettischen Sprache eindringen möchte, findet im Anhang einige Tipps zum Weiterlernen. Natürlich kann man die Grammatik auch überspringen und sofort mit dem Konversationsteil beginnen.

Im Konversationsteil finden Sie Sätze aus dem (touristischen) Alltagsgespräch, die Ihnen einen ersten Eindruck davon vermitteln

Seitenzahlen

Um Ihnen den Umgang mit den Zahlen zu erleichtern, wird auf jeder Seite die Seitenzahl auch in Lettisch angegeben!

sollen, was Sie später in Lettland hören werden. Die graue Lautschrift erleichtert die Aussprache. Um die andersartige Wortfolge lettischer Sätze zu verstehen, ist die Wort-für-Wort-Übersetzung in kursiver Schrift gedacht. Jedem lettischen Wort entspricht ein Wort in der Wort-für-Wort-Übersetzung.

Kāda mūzika?
kaada muusika
was-für-eine Musik
Was für eine Musik?

Entspricht ein lettishes Wort mehreren Wörtern im Deutschen, sind diese mit einem Bindestrich verbunden.

In lettischen Sätzen mit dem Tätigkeitswort „sein“ macht es einen Unterschied, ob Mann oder Frau spricht, angesprochen wird, oder ob man über Mann oder Frau spricht:

Esmu vācietis/vāciete.
äßmu waaziätiß/waaziätä
(ich)bin Deutscher/Deutsche
Ich bin Deutscher/Deutsche.

Ein Mann spricht die Variante vor dem Schrägstrich, eine Frau die Variante danach!

Kann man aus dem gebeugten deutschen Tätigkeitswort (Verb) nicht eindeutig auf die handelnde Person schließen, ist das persönliche Fürwort in Klammern ergänzt:

Kur jūs / Jūs dzīvojat?
kur juuß / juuß dsiiwuojat
wo (ihr)wohnt / (Sie) wohnen
Wo wohnt ihr / wohnen Sie?

Alternativen sind durch einen Schrägstrich getrennt.

Kāda mūzika tev patīk?

Um welchen Fall es sich handelt, kann man an der hochgestellten „Nummer" ablesen.

kaada muusika täu patiik
was-für-eine Musik dir³ (sie)gefällt
Welche Musik gefällt dir?

Sie können die Beispielsätze als Satzmuster benutzen, aus denen Sie mit einem kleinen bisschen Kreativität und Mut neue Sätze „zusammenbauen", auch wenn das Ergebnis nicht immer grammatikalisch perfekt ausfällt. Die Wörterlisten am Ende des Buches helfen Ihnen dabei. Sie enthalten einen Grundwortschatz von je ca. 1.000 Wörtern „Deutsch-Lettisch" und „Lettisch-Deutsch".

Die Umschlagklappe hilft, die wichtigsten Sätze und Formulierungen stets parat zu haben. Hier findet man außerdem die wichtigsten Angaben zur Aussprache und die Abkürzungen, die im Buch verwendet werden; weiterhin eine kleine Liste der wichtigsten Fragewörter, Richtungs- und Zeitangaben. Aufgeklappt ist der Umschlag eine wesentliche Erleichterung, da nun die gewünschte Satzkonstruktion mit dem entsprechenden Vokabular aus den einzelnen Kapiteln kombiniert werden kann.

Wenn alles nicht mehr weiterhilft, dann ist vielleicht das Kapitel „Nichts verstanden? - Weiterlernen!" der richtige Tipp. Es befindet sich ebenfalls im Umschlag, stets bereit, mit der richtigen Formulierung für z. B. „Ich verstehe leider nicht." oder „Können Sie das bitte wiederholen?" auszuhelfen.

Kauderwelsch-Tonträger

Falls Sie sich die fremdsprachigen Sätze und Wörter, die in diesem Buch vorkommen, einmal von einer Lettin gesprochen anhören möchten, kann Ihnen Ihre Buchhandlung das begleitende Tonmaterial zu diesem Buch besorgen. Sie bekommen es auch über den Rump-Direktversand oder unseren Internetshop www.reise-know-how.de zuzüglich Porto- und Verpackungskosten.

Land & Leute

Latvija ist mit 64.000 km² größer als die Schweiz und kleiner als Österreich. Im Osten grenzt es an die Russische Föderation und an die Republik Weißrussland. Zur Zeit hat Lettland ca. 2,7 Mio. Einwohner, von denen 34% in der Hauptstadt Riga leben, der wunderschönen alten Stadt am Fluss **Daugava**.

Latvija *ist Lettisch für Lettland.*

Daugava *ist Lettisch für den Fluss Düna.*

Von den Einwohnern Lettlands sind etwas mehr als die Hälfte ethnische Letten, ein Drittel Russen. Die übrigen ca. 13% sind unterschiedlicher Nationalität, u.a. ca. 3.000 Lettlanddeutsche. Die Lage der nationalen Minderheiten wurde im Zuge einer lebhaft diskutierten Neuregelung der Staatsangehörigkeitsbestimmungen rechtstaatlich gesichert und dürfte jetzt üblichen europäischen Standards entsprechen.

Die Republik Lettland wurde 1918 gebildet und war bis 1940 unabhängig. 1940 wurde Lettland der UdSSR eingegliedert. Erst 1991 erlangte das Land seine Unabhängigkeit zurück. Ähnlich wie in der ehemaligen DDR ist seit 1991 eine starke Veränderung im Straßenbild und in allen öffentlichen Einrichtungen zu verzeichnen. Besonders die wirtschaftliche Situation und die mitunter recht schwierigen Beziehungen zum russischen Nachbarn sind Punkte, mit denen sich die Regierung des jungen lettischen Staates ständig beschäftigen muss.

Karte des Sprachgebiets

Ein wichtiger Aspekt in der Geschichte Lettlands ist die Zugehörigkeit Rigas zur Hanse. Davon zeugen zahlreiche Bauten in Riga und überhaupt das hanseatische Gepräge, das etwas an Lübeck oder Hamburg erinnert. Viele lettische Städte haben auch deutsche Namen, die oft in Geschichtsbüchern oder älterer Literatur vorkommen. Hier sind einige der Wichtigsten:

Alūksne	aluukßnä	Marienburg
Cēsis	zääßiß	Wenden
Daugavpils	daugawpilß	Dünaburg
Jelgava	jälgawa	Mitau
Liepāja	liäpaaja	Libau
Salaspils	ßalaßpilß	Kurtenhof
Sigulda	ßigulda	Segewold
Ventspils	wäntßpilß	Windau

Die lettische Sprache

Das Lettische gehört (zusammen mit dem Litauischen und der ausgestorbenen Sprache des alten Preußen – dem sogenannten Altpreußischen) zum baltischen Zweig der indoeuropäischen Sprachfamilie. Seit dem Frühmittelalter, als Lettland in den Einflussbereich des Deutschen Ordens kam, bis zur

Umsiedlung des größten Teils der deutschstämmigen Bevölkerung während des Zweiten Weltkrieges hat die deutsche Sprache das Lettische stark beeinflusst. Dies spiegelt sich in vielen Bereichen der Grammatik und des Wortschatzes wider. Eine wichtige Rolle spielt dabei auch das Mittelniederdeutsche – die Sprache der Hanse-Kaufleute.

Als Schriftsprache etablierte sich Lettisch im 19. Jahrhundert im Zuge des nationalen Wiedererwachens. Einen maßgeblichen Anteil daran hatte **Krišjānis Barons** (1835-1923), der lettische Volkslieder sammelte und dadurch die Grundlage für eine lettische Schriftsprache schaffte. Der Schrank, den Barons für sein Volksliederarchiv eigens konzipiert und gebaut hat, gilt bis heute als ein nationales Kleinod und ist in Riga im Barons-Museum ausgestellt. Als „lettischer Goethe" gilt **Jānis Rainis** (1865-1929), der ein umfassendes Werk geschaffen hat.

Einige Regionen des heutigen Lettlands (insbesondere der südwestliche Teil des Landes und die Küstengebiete), sind traditionell Siedlungsgebiete der Liven – einem finnisch-ugrischen Volk, dessen Sprache eng mit dem Estnischen und mit dem Finnischen verwandt ist. Es gibt Bestrebungen, die livische Sprache, die immer noch von einigen wenigen Personen gesprochen wird, wiederzubeleben. Im Lettischen finden sich viele Wörter livischer Herkunft. Auch in der Grammatik lässt sich der livische Einfluss stellenweise ablesen.

Aussprache & Betonung

Wie im Deutschen können Selbstlaute im Lettischen sowohl kurz als auch lang ausgesprochen werden. Abgesehen vom e / ē ist die Aussprache der Selbstlaute recht einfach. In den meisten Lehrbüchern der lettischen Sprache werden die e-Laute irgendwie kenntlich gemacht. Da das lettische Alphabet aber schon genug Sonderzeichen hat und ich die Sache nicht weiter verkomplizieren möchte, verzichte ich hier auf eine solche Kennzeichnung. Es ist am besten, die exakte Aussprache der e-Laute vor Ort von einem Letten zu lernen.

Selbstlaute (Vokale)

a	a	kurzes „a" wie in „W**a**tte"	labs	labß	*gut*
ā	aa	langes „a" wie in „V**a**ter"	dārzs	daarsß	*Garten*
e	ä	kurzes, offenes „ä" wie in „B**e**tt";	ceļš	zäljsch	*Weg*
		noch offeneres „äh" wie in „g**äh**nen"	esmu	äßmu	*(ich)bin*
ē	ää	langes „e"	tēvs	tääwß	*Vater*
i	i	kurzes „i" wie in „S**i**tte"	silts	ßiltß	*warm*
ī	ii	langes „i" wie in „v**ie**l	rīts	riitß	*Morgen*
u	u	kurzes „u" wie in „**U**nke"	uguns	ugunß	*Feuer*
ū	uu	langes „u" wie in „St**uh**l"	ūdens	uudänß	*Wasser*
o	uo	ein Zwielaut zwischen „u" und einem offen und breit ausgesprochenen „o", ähnlich wie in „**Uhr**" mit stimmlosem Schluss-r.	ola	uola/uala	*Ei*
	o	in Fremdwörtern wie „o" in „K**o**nzert"	koncerts	konzärtß	*Konzert*

Zwielaute (Diphthonge)

laiva laiwa *Boot*	**ai**	ai	wie in „M**ai**"
jauks jaukß *schön*	**au**	au	wie in „B**au**ch"
nav nau *es gibt nicht*	**av**	au	wie „au" in „B**au**ch"
meita mäita *Tochter*	**ei**	äi	wie „ay" in „ok**ay**"
liels liälß *groß*, iela iäla *Straße*	**ie**	iä	nicht langes „i", sondern nacheinander gesprochenes „i" und offenes „e" wie in „h**ie**r"
puika puika *Junge*	**ui**	ui	wie in „pf**ui**"
tev teu *dir*	**ev**	eu	nicht „äu", sondern nacheinander gesprochenes „e" + „u"

Mitlaute (Konsonanten)

Die meisten Mitlaute des Lettischen werden etwa wie die entsprechenden Laute im Deutschen ausgesprochen. Hier sind nur diejenigen beschrieben, deren Aussprache vom Deutschen abweicht bzw. abweichen kann.

cilvēks zilwääkß *Mensch*	**c**	z	wie „z" in „**Z**eit"
četri tschätri *vier*	**č**	tsch	stimmloses „tsch" wie in „**Tsch**eche"
sacīt ßaziit *sagen*	**s**	ß	stets stimmlos wie „ß" in „Ma**ß**"
šeit schäit *hier*	**š**	sch	stimmloses „sch" wie in „**Sch**ule"
zāles saaläß *Medikament*	**z**	s	stimmhaft wie „s" in „Ro**s**e"
dažreiz dashräis *manchmal*	**ž**	sh	stimmhaftes „sch", wie zweites „g" in „Gara**g**e"
džezs dschäsß *Jazz*	**dž**	dsch	stimmhaftes „dsch" wie in „**Dsch**ungel"
jā jaa *ja*	**j**	j	wie „j" in „**j**a"
rudens rudänß *Herbst*	**r**	r	gerolltes „r" wie im Italienischen
visi wißi *alle*	**v**	w	wie „w" in „**W**ein"

Die Buchstaben ģ, ķ, ļ, ņ bezeichnen sogenannte palatale Laute, die im Gaumenbereich mit einem leichten, kaum hörbaren j-Nachschlag gesprochen werden.

ģ	dj	palatales „g", das zu einem „dj" wie im englischen „d**ue**" *(fällig)* tendiert
ķ	kj	palatales „k"
ļ	lj	palatales „l", etwa wie in „Tai**ll**e"
ņ	nj	palatales „n", etwa wie „gn" in „Champa**gn**er"

ģimene djimänä *Familie*

kaķis kakjiß *Katze*

ļaudis ljaudiß *Leute*

ņemt njämt *nehmen*

Die lettischen Verschlusslaute p-t-k sind anders als im Deutschen nicht behaucht, so als folgte ein h, und klingen eher wie die französischen Laute. Dies heisst aber nicht, dass es im Lettischen keinen Unterschied zwischen p und b, t und d oder k und g gibt.

k	k	nicht behaucht, etwa wie in „A**k**t"
p	p	nicht behaucht, etwa wie in „A**b**t"
t	t	nicht behaucht, etwa wie im französischen „**t**our"

koks kuokß *Baum/Holz*

padoms paduomß *Rat*

tauta tauta *Volk*

Betonung

Die Betonung ist denkbar einfach. Bis auf wenige Ausnahmen werden alle Wörter auf der ersten Silbe betont, ungeachtet wie lang das Wort ist, oder ob es kurze oder lange Selbstlaute enthält. Manches Wort wird deshalb vielleicht ungewohnt klingen, so z.B. students ßtudäntß *Student*, mit Betonung auf stu-.

Wörter, die weiterhelfen

Sie müssen sich gleich nach Ihrer Ankunft verständlich machen? – Hier das Wichtigste:

Lūdzu, piedodiet!
luudsu piäduodiät
(ich)bitte entschuldigt
Entschuldigen Sie, bitte!

Vai jums ir ...? *– Haben Sie ...?*

Vai jums ir brīva istaba?
wai jumß ir briiwa ißtaba
FW euch³ ist freies Zimmer
Haben Sie ein freies Zimmer?

pilßäätaß plaanß	**pilsētas plāns**①	Stadtplan
autuobußu/wilziänu ßarakßtß	**(autobusu/vilcienu) saraksts**①	(Bus-/Zug-) Fahrplan
mineraaluudänß	**minerālūdens**③	Mineralwasser
kafija; tääja	**kafija**⑤; **tēja**⑤	Kaffee; Tee
piänß; zukurß	**piens**①; **cukurs**①	Milch; Zucker
alußß	**alus**④	Bier
ißtaba	**istaba**⑤	Zimmer
kaut kaß äädamß/ dsäramß	**kaut kas ēdams/ dzerams**	etwas zu essen/ trinken

Die Zahlen im Kreis geben Beugungsklassen der Worte an, aber dazu später!

Jā, ir.
jaa ir
ja ist
Ja, habe ich.

Nē, nav.
nää nau
nein nicht-ist
Nein, habe ich nicht.

Vai (te) ir ...? – *Gibt es (hier) ...?*

Vai te ir viesnīca?
wai tä ir wiäßniiza
FW hier ist Hotel
Gibt es hier ein Hotel

Vai te ir restorāns?
wai tä ir räßtoraanß
FW hier ist Restaurant
... ein Restaurant?

Kur ir ...? – *Wo ist / gibt es ...?*

Kur ir pasts?
kur ir paßtß
wo ist Post
Wo ist die Post?

Kur ir viesnīca?
kur ir wiäßniiza
wo ist Hotel
Wo gibt es ein Hotel?

Kur ir taksometrs?
kur ir takßomätrß
wo ist Taxi
Wo gibt es ein Taxi?

aptieka[5]**; stacija**[5]	Apotheke; Bahnhof	aptiäka; ßtazija
banka[5]	Bank	banka
vēstniecība[5]	Botschaft	wääßtniäziiba
konsulāts[1]	Konsulat	konßulaatß
autobusa pietura[5]	Bushaltestelle	autobußa piätura
kafejnīca[5]	Café	kafäjniiza
kempings[1]	Campingplatz	kämpingß
viesnīca[5]	Hotel	wiäßniiza
universālveikals[1]	Kaufhaus	universaalwäikalß
slimnīca[5]**; tirgus**[4]	Krankenhaus; Markt	ßlimniiza; tirguß
policija[5]	Polizei	polizija
restorāns[1]	Restaurant	räßtoraanß
telefons[1]**; tualete**[6]	Telefon; Toilette	täläfuonß; tualätä
darbnīca[5]	Werkstatt	darbniiza

Wörter, die weiterhelfen

tuwu	**tuvu**	nah
taalu; taalaak	**tālu; tālāk**	weit; weiter
tä/schä	**te/šeit**	hier
tur	**tur**	dort
schurb	**šurp**	hierher
turb	**turp**	dorthin
us priäschku	**uz priekšu**	vorwärts
atbakalj	**atpakaļ**	zurück
ba labi	**pa labi**	(nach) rechts
ba kräißi	**pa kreisi**	(nach) links
zitur	**citur**	woanders
wißur	**visur**	überall
krußtuojumß	**krustojums**[1]	Kreuzung
lukßuofuorß	**luksofors**[1]	Ampel
zäntraa	**centrā**	im Zentrum
prätii	**pretī**	gegenüber
(täpat) ais ßtuura	**(tepat) aiz stūra**	(gleich) um die Ecke
aarpuß pilßäätaß	**ārpus pilsētas**	außerhalb der Stadt

Es gribētu ... – *Ich möchte ... (4. Fall)*

Es gribētu maizi.
äß gribäätu maisi
ich würde-wollen Brot[4]
Ich möchte Brot.

Es gribētu kafiju.
äß gribäätu kafiju
ich würde-wollen Kaffee[4]
Ich möchte Kaffee.

Es gribētu glāzi piena.
äß gribäätu glaasi piäna
ich würde-wollen Glas[4] *Milch*[2]
Ich möchte ein Glas Milch.

Sehr gebräuchlich ist auch die Formulierung man, lūdzu + (Sache im 4. Fall):

Man, lūdzu, vienu biļeti līdz Rīgai.
man luudsu wiänu biljäti liids riigai
mir[3], (ich)bitte, eine[4] Fahrkarte[4] bis Riga[3]
Für mich bitte eine Fahrkarte nach Riga.

Cik maksa ...? – *Wie viel kostet ...?*

Cik maksā istaba?
zik makßaa ißtaba
wie viel kostet Zimmer
Wie viel kostet das Zimmer?

Cik maksā tālsaruna?
zik makßaa taalßaruna
wie viel kostet Ferngespräch
Wie viel kostet ein Ferngespräch?

Cik tas maksā?
zik taß makßaa
wie viel jenes (es)kostet
Wie viel kostet das?

Mitlautwechsel

Im Lettischen verändert sich bei der Beugung eines Wortes häufig der letzte Mitlaut des Wortstammes. So heißt z.B. nazis *Messer* (Wortstamm: naz) in der Mehrzahl naži, denn die Mehrzahlendung -i verursacht in diesem Fall den Wechsel des Mitlauts z zu ž. Solche Lautveränderungen sind regelmäßig; deshalb sollte man sich die Regeln für den Mitlautwechsel in der folgenden Tabelle genauer ansehen:

b > bj	**gulbis**	*Schwan*	**> gulbji**	*Schwäne*
p > pj	**upe**	*Fluss*	**> upju**	*der Flüsse*
m > mj	**zeme**	*Land*	**> zemju**	*der Länder*
v > vj	**durvis**	*Tür*	**> durvju**	*der Tür*
l > ļ	**brālis**	*Bruder*	**> brāļa**	*des Bruders*
n > ņ	**ritenis**	*Fahrrad*	**> riteņi**	*Fahrräder*
s > š	**mēnesis**	*Monat*	**> mēneši**	*die Monate*
t > š	**latvietis**	*Lette*	**> latvieši**	*die Letten*
z > ž	**nazis**	*Messer*	**> naža**	*des Messers*
d > ž	**ļaudis**	*Leute*	**> ļaužu**	*der Leute*
c > č	**lācis**	*Bär*	**> lāča**	*des Bären*
dz > dž	**pieredze**	*Erfahrung*	**> pieredžu**	*der Erfahrungen*
g > dz	**augt**	*wachsen*	**> audz**	*du wächst*
k > c	**roka**	*Hand*	**> rociņa**	*Händchen*

Hauptwörter

Im Gegensatz zum Deutschen gibt es im Lettischen keinen bestimmten Artikel (der/die/das). So kann vilciens „Zug", „ein Zug" oder „der Zug" bedeuten: Das ergibt sich aus dem Zusammenhang. Wie im Kapitel „Eigenschaftswörter" zu sehen sein wird, bietet das Lettische jedoch die Möglichkeit, den bestimmten Artikel mittels einer Endung wiederzugeben, die an das Eigenschaftswort angehängt wird.

grammatisches Geschlecht

Lettische Hauptwörter (Sbustantive) können männlich oder weiblich sein. Ein sächliches Geschlecht wie im Deutschen gibt es nicht: „das Haus" z. B. heißt im Lettischen māja und ist weiblich. Das grammatische Geschlecht eines lettischen Hauptwortes kann man in der Regel an der Wortendung erkennen.

weibliche Einzahl-Endungen

-a	**māsa** maaßa *Schwester,* **roka** ruoka *Arm/Hand,* **māja** maaja *Haus*
-e	**māte** maatä *Mutter,* **zeme** sämä *Erde/Land,* **upe** upä *Fluss*
-s	**sirds** ßirdß *Herz,* **balss** balß *Stimme,* **nakts** naktß *Nacht*

Einige weitere Endungen können sowohl bei weiblichen wie bei männlichen Hauptwörtern auftreten.

männliche Einzahl-Endungen

-s	**tēvs** tääwß *Vater,* **vārds** waardß *Wort/Name,* **tilts** tiltß *Brücke*
-š	**ceļš** zäljß *Weg,* **vējš** wääjsch *Wind*
-is	**brālis** braaliß *Bruder,* **mēnesis** määnäßiß *Monat*
-ns	**rudens** rudänß *Herbst,* **ūdens** uudänß *Wasser,* **akmens** akmänß *Stein*
-us	**tirgus** tirguß *Markt,* **alus** aluß *Bier*

Die Endung -s kommt sowohl bei männlichen als auch bei weiblichen Hauptwörtern vor. Hier kann man das grammatische Geschlecht nur an der Beugung erkennen.

Die Hauptwörter werden je nach Beugung in verschiedene Klassen unterteilt. Diese sind in den Wörterlisten immer aufgeführt. Die Klassen ① bis ④ beinhalten männliche, die Klassen ⑤ bis ⑦ weibliche Hauptwörter (aber dazu genauer im Kapitel „Beugung & Fälle").

Mehrzahl

weibliche Mehrzahl-Endung

Bei der Mehrzahlbildung tritt manchmal ein Mitlautwechsel auf (siehe Kapitel „Mitlautwechsel" und „Beugung")!

-a > -as	**māsa** maaßa *Schwester*
	> māsas maaßaß *Schwestern*
-e > -es	**māte** maatä *Mutter*
	> mātes maatäß *Mütter*
-s > -is	**nakts** naktß *Nacht*
	> naktis naktiß *Nächte*

männliche Mehrzahl-Endung

-s > -i	**tēvs** tääwß *Vater*
	> tēvi tääwi *Väter*
-š > -i	**ceļš** zäljsch *Weg*
	> ceļi zälji *Wege*
-is > -i	**brālis** braaliß *Bruder*
	> brāļi braalji *Brüder*
-ns > - i	**akmens** akmänß *Stein*
	> akmeņi akmänji *Steine*
-us > -i	**tirgus** tirguß *Markt*
	> tirgi tirgi *Märkte*

Ähnlich wie im Deutschen kommen einige Dinge nur in der Einzahl vor:

alus; ledus	aluß; läduß	Bier; Eis
sviests; nauda	ßwiäßtß; nauda	Butter; Geld

Einige Hauptwörter kommen nur in der Mehrzahl vor:

bailes	bailäß	Angst
kāzas	kaasaß	Hochzeit
rudzi	rudsi	Roggen
Ziemsvētki	siämßwäätki	Weihnachten
šaubas	schaubaß	Zweifel

Dieses & Jenes

Die hinweisenden Fürwörter (Demonstrativpronomen) stehen immer vor dem Hauptwort, auf das sie sich beziehen, und richten sich in Zahl und Geschlecht nach diesem.

	männlich			weiblich		
Ez	**šis***	schiß	*dieser*	**šī***	schii	*diese*
Mz	**šie****	schiä	*diese*	**šīs****	schiiß	*diese*

	männlich			weiblich		
Ez	**tas**	taß	*jener*	**tā**	taa	*jene*
Mz	**tie**	tiä	*jene*	**tās**	taaß	*jene*

** In der Umgangssprache sagt man auch* šitas schitaß *„dieser" bzw.* šitā schitaa *„diese"; ** in der Mehrzahl auch* šitie schitiä *„diese" (m) bzw.* šitas schitaß *„diese" (w).*

šis galds	schiß galdß	dieser Tisch
šī istaba	schii ißtaba	dieses Zimmer
šie galdi	schiä galdi	diese Tische
šīs istabas	schiiß ißtabaß	diese Zimmer

tas krēsls	taß kr ääßiß	jener Stuhl
tā grāmata	taa graamata	jenes Buch
tie krēsli	tiä krääßli	jene Stühle
tās grāmatas	taaß graamataß	jene Bücher

Als unpersönliche Form, wie das deutsche „das" in z.B. „das gefällt mir nicht", verwendet man im Lettischen tas:

Tas man nepatīk.
taß man näpatiik
jenes mir^{3} *nicht-* ngegen auf einen Gegenstand zeigt (das ist ein Tisch), richtet sich tas in Zahl und Geschlecht nach der Satzergänzung.

Tas ir galds.
taß ir galdß
jener$^{(m)}$ *ist Tisch*
Das ist ein Tisch.

Tā ir grāmata.
taa ir graamata
jene$^{(w)}$ *ist Buch*
Das ist ein Buch.

Eigenschaftswörter

Im Lettischen stehen Eigenschaftswörter immer vor dem Hauptwort, auf das sie sich beziehen. Sie stimmen in Geschlecht und Zahl mit dem dazugehörigen Hauptwort überein:

liels galds	liälß galdß	großer Tisch

lieli galdi liäli galdi große Tische
laba grāmata laba graamata gutes Buch
labas grāmatas labaß graamataß gute Bücher

Lettische Eigenschaftswörter haben außer der Form, unter der sie im Wörterbuch aufgeführt werden, der „unbestimmten Form", noch eine „bestimmte" Form. Diese bestimmte Form wird hauptsächlich verwendet, wenn man im Deutschen den bestimmten Artikel verwenden würde.

labs cilvēks	**labais cilvēks**
labß zilwääkß	labaiß zilwääkß
ein guter Mensch	der gute Mensch

Hier eine Übersicht über die Endungen am Beispiel des Eigenschaftswortes labs labß *gut:*

	männlich		**weiblich**	
m Ez	**-s**	**labs**	**-ais**	**labais**
m Mz	**-i**	**labi**	**-ie**	**labie**
w Ez	**-a**	**laba**	**-ā**	**labā**
w Mz	**-as**	**labas**	**-ās**	**labās**

In den Wörterlisten steht immer nur die unbestimmte männliche Einzahlform (Endung -s*). Den Stamm eines Eigenschaftswortes erhält man also, indem man das* -s *am Ende abstreicht.*

Nach einem hinweisenden oder besitzanzeigenden Fürwort muss das Eigenschaftswort immer in der bestimmten Form stehen:

tas jaunais cilvēks	**šī tumsā istaba**
taß jaunaiß zilwääkß	schii tumßaa ißtaba
jener junge Mensch	dieses dunkle Zimmer

mans mazais brālis
manß masaiß braaliß
mein kleiner Bruder

tava gaisā istaba
taua gaischaa ißtaba
dein helles Zimmer

In Sätzen mit dem Tätigkeitswort „sein" richtet sich das Eigenschaftswort auch dann in Zahl und Geschlecht nach dem Bezugswort (hier: Satzgegenstand/Subjekt), wenn es Satzergänzung ist:

Viņš ir labs.
winjsch ir labß
er ist gut[m]
Er ist gut.

Viņa ir laba.
winja ir laba
sie ist gut[w]
Sie ist gut.

steigern

Zur Erinnerung: Den Stamm erhält man, indem man die männliche Endung -s *abstreicht. Der Stamm von z.B.* silts ßiltß *warm lautet also* silt-.

Die 1. Steigerungsstufe (Komparativ) bildet man, indem man an den Stamm ein -āk- hängt und dann die unbestimmte oder bestimmte Endung der Eigenschaftswörter.

Wenn man „ein besseres Brot" sagen will, nimmt man den Stamm des Eigenschaftswortes labs (=lab-), fügt die Nachsilbe -āk- hinzu (=labāk-) und hängt schließlich die unbestimmte bzw. bestimmte weibliche Endung -a bzw. -ā an; denn maize *Brot* ist im Lettischen weiblich:

labāka maize
labaaka maisä
besseres Brot
ein besseres Brot

labākā maize
labaakaa maisä
besseres(das) Brot
das bessere Brot

Die 2. Steigerungsstufe (Superlativ) wird genauso gebildet wie die 1., nur dass der Superlativ stets die bestimmte Endung hat. Labāk maize heißt demnach sowohl „das bessere Brot" als auch „das beste Brot".

Will man unbedingt zwischen „der größere Tisch" und „der größte Tisch" (beides liel kais galds) unterscheiden – was die Letten selbst relativ selten tun, kann man sich z. B. der (unbetonten) Vorsilbe vis- bedienen, die in Bedeutung und Funktion dem deutschen „aller-" nicht unähnlich ist:

vislielākais galds
wißliälaakaiß galdß
aller-größere(der) Tisch
der größte Tisch

Unregelmäßigkeiten bei der Bildung der Steigerungsformen treten im Lettischen so gut wie nicht auf:

daudz	dauds	viel
vairāk	wairaak	mehr

vergleichen

Um zwei ungleiche Dinge oder Personen miteinander zu vergleichen, verwendet man das Bindewort nekā (bei Verneinungen kā) oder das Verhältniswort par. Das Wort, das die Vergleichsgröße angibt, wird dann im 4. Fall gebeugt:

Maskava ir lielāka nekā Rīga.
maßkawa ir liälaaka näkaa riiga
Moskau ist größer als Riga
Moskau ist größer als Riga.

Maskava ir lielāka par Rīgu.
maßkawa ir liälaaka par riigu
Moskau ist größer als Riga[4]
Moskau ist größer als Riga.

Šis students ir jaunāks nekā es.
schiß ßtudäntß ir jaunaakß näkaa äß
dieser Student ist jünger als ich
Dieser Student ist jünger als ich.

Šis students ir jaunāks par mani.
schiß ßtudäntß ir jaunaakß par mani
dieser Student ist jünger als ich[4]
Dieser Student ist jünger als ich.

Šī istaba nav lielāka kā tā.
schii ißtaba nau liälaaka kaa taa
dies Zimmer nicht-ist größer als jenes
Dieses Zimmer ist nicht größer als jenes.

Šī istaba nav lielāka par to.
schii ißtaba nau liälaaka par to
dies Zimmer nicht-ist größer als jenes[4]
Dieses Zimmer ist nicht größer als jenes.

Die Gleichheit zweier Dinge oder Personen drückt man aus mit tikpat ... kā oder tikpat ... cik aus:

Ši pilsēta ir tikpat liela kā/cik tā.
schi pilßääta ir tikpat liäla kaa/zik taa
diese Stadt ist so groß wie jene
Diese Stadt ist genauso groß wie jene (Stadt).

einige wichtige Eigenschaftswörter

labs; slikts	labß; ßliktß	gut; schlecht
liels; mazs	liälß; masß	groß; klein
lielisks	liälißkß	großartig
šausmīgs	schaußmiigß	schrecklich
augsts; zems	augtß; sämß	hoch; niedrig
silts; auksts	ßiltß; aukßtß	warm; kalt
dārgs; lēts	daargß; läätß	teuer; billig
gaišs; tumšs	gaischß; tumschß	hell; dunkel
salds; skābs	ßaldß; ßkaabß	süß; sauer
gards	gardß	lecker
nebaudāms	näbaudaamß	ungenießbar
vecs; jauns	wäzß; jaunß	alt; jung/neu
biezs; tievs	biäsß; tiäwß	dick; dünn
skaists	ßkaißtß	schön
neglīts	nägliitß	hässlich
ilgs; īss	ilgß; iiß	lang; kurz
pilns; tukšs	pilnß; tukschß	voll; leer
gudrs; muļķīgs	gudrß; muljkjiigß	klug; dumm
svešs; jauks	ßuäschß; jaukß	fremd; nett
ātrs	aatrß	schnell
lēns	läänß	langsam
saistošs	ßaistoschß	spannend
garlaicīgs	garlaizigß	langweilig
vienkāršs	wiänkaarschß	einfach
sarežģīts	ßarätschdjiitß	kompliziert
dziļš; sekls	dsiljß; ßäklß	tief; seicht

Farben		
balts; dzeltens	baltß; dsältänß	weiß; gelb
sarkans; zils	ßarkanß; silß	rot; blau
zaļš; brūns	saljsch; bruunß	grün; braun
pelēks; melns	bäläakß; mälnß	grau; schwarz
ruds	rudß	rötlich
zeltains	ßältäinß	golden
sudrabains	ßudrabainß	silbern
oranžs	oranshß	orange

Fürwörter

Als höfliche Anrede (Sie) verwendet man im Lettischen das persönliche Fürwort für die 2. Person Mehrzahl: jūs juuß *ihr*. Dementsprechend wird auch die Tätigkeitsform für die 2. Person Mehrzahl verwendet.

persönliche Fürwörter		
es	äß	ich
tu	tu	du
viņš	winjß	er
viņa	winja	sie *(w, Ez)*
mēs	määß	wir
jūs; Jūs	juuß	ihr; Sie *(höfl.)*
viņi	winji	sie *(m, Mz)*
viņas	winjaß	sie *(w, Mz)*

besitzanzeigende Fürwörter

mans*	manß	mein
tavs*	tauß	dein
viņa	winja	sein
viņas	winjaß	ihr*(w, Ez)*
mūsu	muußu	unser
jūsu; Jūsu	juußu	euer; Ihr*(höfl.)*
viņu	winju	ihr*(m/w, Mz)*

* *Beachten Sie:* mans *und* tavs *richten sich wie Eigenschaftswörter in Zahl und Geschlecht nach dem dazugehörigen Hauptwort und werden auch wie unbestimmte Eigenschaftswörter gebeugt. Alle anderen besitzanzeigenden Fürwörter sind unveränderlich und werden nicht gebeugt.*

mans brālis	**mana istaba**	**mani galdi**
manß braaliß	mana ißtaba	mani galdi
mein Bruder	*mein Zimmer*	*meine Tische*
tavs dēls	**tava māsa**	**tavas grāmatas**
tauß dääłß	tawa maaßa	tawaß graamataß
dein Sohn	*deine Schwester*	*deine Bücher*
viņa brālis	**viņa māsa**	**viņa grāmatas**
winja braaliß	winja maaßa	winja graamataß
sein Bruder	*seine Schwester*	*seine Bücher*

Das Fürwort savs wird verwendet, wenn das im Objekt bezeichnete Eigentum dem Subjekt gehört. savs heißt „mein/dein/sein/etc. eigenes“ und richtet sich wie ein Eigenschaftswort in Zahl und Geschlecht nach dem Hauptwort, auf das es sich bezieht.

Es lasu savu grāmatu.
äß laßu ßau-u graamatu
ich lese mein-eigenes[4] Buch[4]
Ich lese mein Buch.

Tu lasi savu grāmatu.
tu laßi ßau-u graamatu
du liest dein-eigenes[4] Buch[4]
Du liest dein Buch.

aber: **Tu lasi manu grāmatu.**
tu laßi manu graamatu
du liest mein[4] Buch[4]
Du liest mein Buch.

Tätigkeitswörter

Die lettischen Tätigkeitswörter (Verben) werden drei verschiedenen Beugungsgruppen (Konjugationen) zugeordnet. Innerhalb dieser Gruppen werden die Tätigkeitswörter relativ regelmäßig gebeugt. Weiß man also, ob ein Tätigkeitswort zur ①② oder ③ Gruppe gehört, kann man ziemlich sicher sein, wie es gebeugt wird.

Ausnahmen treten meistens in der 1. Beugungsgruppe auf.

Leider kann man an der Grundform eines Tätigkeitswortes (z.B. „gehen“) nicht immer erkennen, welcher der drei Gruppen es angehört. Es ist deshalb in vielen Fällen ratsam, außer der Grundform auch gleich die Form der 3. Person Gegenwart (z.B. „er geht“) mitzulernen. Sollte diese unregelmäßig sein, ist sie in den Wörterlisten im Anhang immer angegeben.

Die Endungen der Grundform sind auf den ersten Blick recht ähnlich, denn sie enden alle auf -t. Manchmal gehört auch der Selbstlaut vor dem -t zur Endung dazu (ē, ā, ī, o).

Tätigkeitswort-/Verbgruppe ①

Dazu gehören alle Tätigkeitswörter, die in der Grundform einsilbig sind.

-t	**iet** iät *gehen*, **nākt** naakt *kommen*, **braukt** braukt *fahren*

Tätigkeitswort-/Verbgruppe ②

-t	**redzēt** rädsäät *sehen*, **sēdēt** ßäädäät *sitzen*
-īt	**lasīt** laßiit *lesen*, **rakstīt** rakßtiit *schreiben*
-ināt	**sveicināt** ßwäizinaat *begrüßen*
-t	**zināt** sinaat *wissen*, **sargāt** ßargaat *hüten*

seltene Form

Tätigkeitswort-/Verbgruppe ③

-t	**maksāt** makßaat *kosten*, **runāt** runaat *sprechen*
-t	**zīmēt** siimäät *zeichnen*
-ot	**dzīvot** dsiiwuot *leben*, **ceļot** zäljuot *reisen*

Der „einfache (Tätigkeits-)wortstamm" bezeichnet die Grundform ohne die oben beschriebenen Endungen. Demnach ist der einfache Wortstamm von nākt: nāk-, von runāt: run-. Der einfache Wortstamm spielt vor allem für die Bildung der verschiedenen Zeiten eine Rolle.

Der „erweiterte Tätigkeitswortstamm" wird erst später behandelt.

Zeiten

Sie erfahren mehr über zusammengesetzte Vergangenheitsformen im Kapitel „Partizipien (Mittelwörter)".

Im Lettischen gibt es Gegenwart (Präsens), Vergangenheit (Präteritum) und Zukunft (Futur) sowie einige zusammengesetzte Vergangenheitsformen (ich bin gegangen), die mit Hilfe des Tätigkeitswortes **būt** buut *sein* gebildet werden.

Allen Schwierigkeiten zum Trotz gibt es einige Punkte, die Ihnen beim Lettisch lernen sehr entgegenkommen dürften. Lettische Tätigkeitswörter haben immer nur eine einzige Form für die 3. Person, sowohl in der Einzahl als auch in der Mehrzahl; lediglich das persönliche Fürwort verändert sich:

viņš dod	winjsch duod	er gibt
viņi dod	winji duod	sie geben
viņa runāja	winja runaaja	sie sprach
viņas runāja	winjaß runaaja	sie sprachen *(w, Mz)*

Vorsilben

Lettische Tätigkeitswörter werden oft mit Vorsilben verbunden, die ihre Bedeutung in charakteristischer Weise verändern. Im Deutschen gibt es das auch: „weggehen, hingehen, zurückgehen" oder „bearbeiten, mitarbeiten". Gebeugt werden diese abgeleiteten Tätigkeitswörter genau wie die entsprechenden Tätigkeitswörter ohne Vorsilbe. Für den Lernenden ist es eine große Hilfe, diese Vorsilben erkennen zu können:

aiz-	weg-, ab-
ap-	um-, herum-
at-	zurück-, fort-, weg-
ie-	hinein-, ein-
iz-	heraus-, aus-
ne-	(Verneinungsvorsilbe)
no-	ab-, hinab-
pa-	(für kurzzeitige oder minder intensive Handlungen)
pār-	über-, hinüber; heim-
pie-	heran-, zu-, hinzu-
sa-	zusammen-; zer-, ver- (in viele Teile)
uz-	auf-, hinauf-

Die meisten dieser Vorsilben bezeichnen in erster Linie räumliche Bestimmungen, haben aber darüber hinaus auch noch andere Bedeutungen.

Gegenwart

Die Gegenwart wird je nach Tätigkeitswortgruppe unterschiedlich gebildet.

Tätigkeitswort-/Verbgruppe ①

Bei diesen einsilbigen Tätigkeitswörtern bildet man die Gegenwart durch Anhängen folgender Endungen an den „einfachen Stamm":

ich	**es**	**-u**
du	**tu**	**-i** / – *keine Endung*
er, sie*	**viņš, viņa**	– *keine Endung*
wir	**mēs**	**-am**
ihr	**jūs**	**-at**
sie, m/w*	**viņi, viņas**	– *keine Endung*

**Die Formen für* viņš, viņa, viņi, viņas *sind in allen Zeitformen identisch. Daher steht im Folgenden immer nur* viņš *für alle!*

In den Wortlisten werden unregelmäßige 3. oder/und 1. Person Formen immer angegeben!

Zur ersten Gruppe gehören zahlreiche unregelmäßige Tätigkeitswörter, bei denen man von der Grundform (Infinitiv) nicht immer auf den einfachen Wortstamm schließen kann, z.B. iet iät *gehen – Stamm:* ej-, *3. Person:* iet; dot duot *geben – Stamm:* dod.

Tätigkeitswörter, die nach nach Schema ① gebeugt werden, sind mit ① gekennzeichnet.

Bei vielen tritt in der 2. Person Einzahl (du) ein Mitlautwechsel auf. Diese werden in den Wörterlisten mit ①a *gekennzeichnet.*

Tätigkeitswörter mit durchgängigem Mitlautwechsel bei allen Personen werden in den Wörterlisten mit ①b *gekennzeichnet.*

sākt①a	ßaakt	beginnen
es sāku	äß ßaaku	ich beginne
tu sāc	äß ßaaz	du beginnst
viņš sāk	winjsch ßaak	er beginnt
mēs sākam	määß ßaakam	wir beginnen
jūs sākat	juuß ßaakat	ihr beginnt

lūgt①b	luugt	bitten
es lūdzu	äß luudsu	ich bitte
tu lūdz	tu luuds	du bittest
viņš lūdz	winjsch luuds	er bittet
mēs lūdzam	määß luudsam	wir bitten
jūs lūdzat	juuß luudsat	ihr bittet

Tätigkeitswort-/Verbgruppe ②

Hier unterscheidet man zwischen Grundformen, die auf -ēt oder -īt, -ināt, -āt enden.

②		**-ēt**	**-īt, -ināt, -āt**
ich	**es**	**-u**	**-u**
du	**tu**	**-i**	**-i**
er	**viņš**	**–**	**-a**
wir	**mēs**	**-am**	**-ām**
ihr	**jūs**	**-at**	**-āt**

varēt②	waaräät	können
es varu	äß waru	ich kann
tu vari	tu wari	du kannst
viņš var	winjsch war	er kann
mēs varam	määß waram	wir können
jūs varat	juuß warat	ihr könnt

gaidīt②	gaidiit	warten
es gaidu	äß gaidu	ich warte
tu gaidi	tu gaidi	du wartest
viņš gaida	winjsch gaida	er wartet
mēs gaidām	määß gaidaam	wir warten
jūs gaidāt	juuß gaidaat	ihr wartet

Tätigkeitswort-/Verbgruppe ③

Hier werden die Endungen nicht an den einfachen Wortstamm angehängt, sondern an der Grundform (Infinitiv) ohne das Schluss-t: runāt runaat *sprechen* – einfacher Stamm: run-; erweiterter Stamm: runā-.

*Der erweiterte Stamm ist die Grundform (Infinitiv) ohne das Schluss-*t.

Diese Tätigkeistwörter werden in den Wortlisten mit ③ *gekennzeichnet.*

③	**-ēt, -āt, -ot**				
ich	**es**	**-ju**	wir	**mēs**	**-jam**
du	**tu**	–	ihr	**jūs**	**-jat**
er	**viņs**	–			

runāt③	runaat	sprechen
es runāju	äß runaaju	ich spreche
tu runā	tu runaa	du sprichst
viņš runā	winjsch runaa	er spricht
mēs runājam	määß runaajam	wir sprechen
jūs runājat	juuß runaajat	ihr sprecht

Vergangenheit & Zukunft

Diese Formen sind wesentlich einfacher zu bilden als die der Gegenwart:

Vergangenheit

		①	②③			①	②③
ich	**es**	**-u**	**-ju**	wir	**mēs**	**-ām**	**-jām**
du	**tu**	**-i**	**-ji**	ihr	**jūs**	**-āt**	**-jāt**
er	**viņš**	**-a**	**-ja**				

wachsen, lesen, leben	**augt**① augt	**lasīt**② laßiit	**dzīvot**③ dsiiwuot
ich es	**augu**	**lasīju**	**dzīvoju**
du tu	**augi**	**lasīji**	**dzīvoji**
er viņš	**auga**	**lasīja**	**dzīvoja**
wir mēs	**augām**	**lasījām**	**dzīvojām**
ihr jūs	**augāt**	**lasījāt**	**dzīvojāt**

Bei ① werden die Endungen an den einfachen Stamm - gehängt, bei ②③ an den erweiterten!

Zukunft

①②③					
ich	**es**	**-šu**	wir	**mēs**	**-sim**
du	**tu**	**-si**	ihr	**jūs**	**-sit**
er	**viņs**	**-s**			

	sākt① ßaakt *beginnen*	**atbildēt**② atbildäät *antworten*	**ceļot**③ zäljuot *reisen*
ich es	**sākšu**	**atbildēšu**	**ceļošu**
du tu	**sāksi**	**atbildēsi**	**ceļosi**
er viņš	**sāks**	**atbildēs**	**ceļos**
wir mēs	**sāksim**	**atbildēsim**	**ceļosim**
ihr jūs	**sāksit**	**atbildēsit**	**ceļosit**

Einige Tätigkeistwörter, deren einfacher Stamm auf -t endet, schieben bei der Beugung in der Zukunft zwischen Stamm und Endung ein langes -ī: sūt-īt ßuutiit *schicken*, es sūtīšu äß ßuutiischu *ich werde schicken.*

Sein & Haben

Wie in vielen anderen Sprachen ist „sein" būt buut auch im Lettischen unregelmäßig. Da es sehr häufig vorkommt, hier eine Übersicht über die drei Zeitformen:

sein

Gegenwart	Vergangenheit	Zukunft	
esmu	**biju**	**būšu**	*ich* es
esi	**biji**	**būsi**	*du* tu
ir	**bija**	**būs**	*er* viņš
esam	**bijām**	**būsim**	*wir* mēs
esat	**bijāt**	**būsit**	*ihr* jūs

Es būšu mājās rīt vakarā.
äß buuschu maajaaß riit wakaraa
ich werde-sein zu-Hause morgen Abend[5]
Ich bin morgen Abend Zuhause.

Ist ein Eigenschaftswort Satzergänzung/Objekt in einem Satz mit „sein", richtet es sich in Zahl und Geschlecht nach dem Satzgegenstand/Subjekt:

Esmu vecs.
äßmu wäzß
(ich)bin alt(m)
Ich bin alt. (Mann)

Esmu veca.
äßmu wäza
(ich)bin alt(w)
Ich bin alt. (Frau)

Tu esi jauns.
tu äßi jaunß
du bist jung(m)
Du bist jung. (Mann)

Tu esi jauna.
tu äßi jauna
du bist jung(w)
Du bist jung. (Frau)

Viņš ir labs.
winjsch ir labß
er ist gut(m)
Er ist gut.

Viņa ir laba.
winja ir labß
sie ist gut(w)
Sie ist gut.

Mēs esam veci.
määß äßam wäzi
wir sind alt(m, Mz)
Wir sind alt.
(Männer oder gemischt)

Mēs esam vecas.
määß äßam wäzaß
wir sind alt(w, Mz)
Wir sind alt.
(nur Frauen)

Im Folgenden werden männliche und weibliche Formen durch einen Schrägstrich getrennt angegeben:

Jūs esat jauni/jaunas.
juuß äßat jauni/jaunaß
ihr seid jung(m/w,Mz)
Ihr seid jung.

Die erste Variante verwendet man für eine Gruppe von Männern oder gemischte Gruppen, die zweite für eine Gruppe von Frauen.

haben

Für „haben“ gibt es im Lettischen kein eigenes Wort. Man verwendet dafür auch Formen von būt buut *sein*. Der Besitzer steht dabei immer im 3. Fall:

Mātei ir grāmata.
maatäi ir graamata
Mutter[3] ist Buch
Die Mutter hat ein Buch.

Mums bija liela māja.
mumß bija liäla maaja
uns[3] war großes Haus
Wir hatten ein großes Haus.

Viņai ir trīsdesmit gadu.
winjai ir triißdäßmit gadu
ihr[3] sind dreißig Jahre[2]
Sie ist 30 Jahre alt.

Modalverben: wollen, können, dürfen

Wie im Deutschen wird das gebeugte lettische Modalverb mit der Grundform (Infinitiv) des Haupttätigkeitswortes verbunden.

gribēt②	**varēt**②	**drīkstēt**②
wollen	können	dürfen

Vai es drīkstu ienākt?	**Es varu gaidīt.**
wai äß driikßtu iänaakt	äß waru gaidiit
FW ich darf hereinkommen	*ich kann warten*
Darf ich hereinkommen?	Ich kann warten.

müssen

Für „müssen" bildet man im Lettischen die Notwendigkeitsform: Das normale Tätigkeitswort steht in der 3. Person Gegenwart; zusätzlich wird die Vorsilbe jā- vorangestellt. Das persönliche Fürwort wird im 3. Fall (Dativ) gebeugt.

gaidīt	**es gaidu**	**man jāgaida**
gaidiit	äß gaidu	man jaagaida
warten	*ich warte*	*mir³ muss-warten*
warten	ich warte	ich muss warten

Statt der Notwendigkeitsform hat man hier auch die Möglichkeit, das Hilfswort vajag wajag *es ist nötig, es bedarf* verbunden mit der Grundform des Haupttätigkeitswortes zu verwenden. Auch hier wird das persönliche Fürwort im 3. Fall gebeugt:

gaidīt	**man vajag gaidīt**
gaidiit	man wajag gaidiit
warten	*mir³ ist-nötig warten*
warten	ich muss warten

vajag kann auch die Bedeutung „brauchen" haben:

Ko jums vajag?
kuo jumß wajag
was[4] euch[3] ist-nötig
Was braucht ihr / brauchen Sie?

Hier die Beugung der persönlichen Fürwörter im 3. Fall:

man	man	mir
tev	täu	dir
viņam	winjam	ihm
viņai	winjai	ihr
mums	mumß	uns
jums	jumß	euch
viņiem	winjiäm	ihnen *(m, Mz)*
viņām	winjaam	ihnen *(w, Mz)*

Will man „müssen" in der Vergangenheit (ich musste) oder in der Zukunft (ich werde müssen) ausdrücken, stellt man die Vergangenheits- bzw. Zukunftsform von **būt** buut *sein* in der 3. Person Einzahl der muss-Form voran:

Viņai bija jāgaida.
winjai bija jaagaida
ihr[3] war muss-warten
Sie musste warten.

Mums būs jāstrādā.
mumß buuß jaaßraadaa
uns[3] wird-sein muss-arbeiten
Wir werden arbeiten müssen.

Bedingungsform

Für die Bedingungsform (Konditional) hängt man an die Grundform (Infinitiv) -u an. Diese Form ist für alle Personen gleich:

būt buut *sein*	> **es būtu** äß buutu *ich wäre,* **tu būtu** äß buutu *du wärest ...*
iet iät *gehen*	> **es ietu** äß iätu *ich ginge,* **tu ietu** tu iätu *du gingest ...*
nopirkt nuopirkt *kaufen*	> **es nopirktu** äß nuopirktu *ich kaufte,* **tu nopirktu** tu nuopirktu *du kauftest*
lasīt laßiit *lesen*	> **es lasītu** äß laßiitu *ich läse,* **tu lasītu** tu laßiitu *du läsest ...*
nākt naakt *kommen*	> **es nāktu** äß naaktu *ich käme,* **tu nāktu** tu naaktu *du kämst ...*

Es gribētu ...
äß gribäätu
ich würde-wollen ...
Ich möchte ...

Kaut viņš nāktu jau šodien!
kaut winjsch naaktu jau schodiän
wenn er käme schon heute
Wenn er heute schon käme!

Es tavā vietā ...
äß tawaa wiätaa
ich deine[5] Stelle[5] ...
An deiner Stelle ... (+ Bedingungsform)

Mēs šodien labprāt gribētu iet uz peldbaseinu.
määß schodiän labpraat gribäätu iät us päldbaßäinu
wir heute gerne würden-wollen gehen zu Schwimmhalle[4]
Wir möchten heute gerne ins Schwimmbad.

Auffordern & Befehlen

Im Lettischen gibt es zwei Befehlsformen (Imperativ): Eine für die Aufforderung an eine einzelne Person, die man duzt (geh), und eine für mehrere Personen (geht), die auch als Höflichkeitsform verwendet wird (gehen Sie).
Die Aufforderung an eine einzelne Person ist mit der Tätigkeitsform der 2. Person Einzahl Gegenwart (du) identisch:

esi/esi!	äßi	*du bist / sei!*
lasi/lasi!	laßi	*du liest / lies!*
piedod/piedod!	biäduod	*du entschuldigst / entschuldige!*
runā/runā!	runaa	*du sprichst /sprich!*

Die Mehrzahl- und Höflichkeitsform wird gebildet, indem an die Befehlsform Einzahl die Endung -iet anhängt und für Tätigkeitswörter der 3. Gruppe -jiet.

esi!	äßi	*sei!*
esiet!	äßiät	*seid!/seien Sie!*
lasi!	laßi	*lies!*
lasiet!	laßiät	*lest!/lesen Sie!*
piedod!	piäduod	*entschuldige!*
piedodiet!	piäduodiät	*entschuldigt!/ entschuldigen Sie!*
runā!	runaa	*sprich!*
runājiet!	runaajiät	*sprecht!/sprechen Sie!*

Endet die Befehlsform Einzahl bereits auf -i, *wird nur* -et *statt* -iet *angehängt.*

Rückbezügliche Verben

Rückbezügliche Tätigkeitswörter (reflexive Verben, z.B. sich waschen, sich treffen) enden in der Grundform (Infinitiv) immer auf -ties. Die Endungen der folgenden Tabelle werden unter Berücksichtigung des Mitlautwechsels an den einfachen Stamm angehängt.

Beachten Sie, dass in Abhängigkeit von der Beugungsgruppe auch ein -j- eingeschoben werden kann, genauso wie bei den nicht-rückbezüglichen Tätigkeitswörtern derselben Gruppe.

		Gegenwart	*Vergangenheit*	*Zukunft*
ich	**es**	**-os**	**-os**	**-šos**
du	**tu**	**-ies**	**-jies**	**-sies**
er	**viņš**	**-as**	**-ās**	**-sies**
wir	**mēs**	**-amies**	**-āmies**	**-simies**
ihr	**jūs**	**-aties**	**-āties**	**-sities**

Hier das Beugungsmuster der rückbezüglichen Tätigkeistwörter am Beispiel von gatavoties[3] gatawuotijeß *sich vorbereiten*:

	Gegenwart	Vergangenheit	Zukunft
ich es	**gatavojos**	**gatavojos**	**gatavošos**
du tu	**gatavojies**	**gatavojies**	**gatavosies**
er viņš	**gatavojas**	**gatavojās**	**gatavosies**
wir mēs	**gatavojamies**	**gatavojāmies**	**gatavosimies**
ihr jūs	**gatavojaties**	**gatavojāties**	**gatavosities**

Die Befehlsform Einzahl ist mit der Tätigkeitswortform der 2. Person Einzahl (Gegenwart) identisch. Für die Mehrzahlform ersetzt man die Endung -ies durch -ietes bzw. -jies durch -jietes!

gatavo!	**gatavojies!**
gatawuo	gatawuojiäß
bereite zu!	bereite dich vor!
gatavojiet!	**gatavojieties!**
gatawuojiät	gatawuojiätiäß
bereitet zu!	bereiten Sie sich vor!

Oft kann die rückbezügliche Endung -ties an Tätigkeitswörter angehängt werden (ersetzt die Endung -t):

mazgāt③	masgaat	waschen
mazgāties③	masgaatiäß	sich waschen
satikt①	ßatikt	treffen (jmd.)
satikties①	ßatiktiäß	sich treffen
saģērbt①	ßadjäärbt	anziehen (jmd.)
saģērbties①	ßadjäärbtiäß	sich anziehen

Dabei kann das entsprechende rückbezügliche Tätigkeitswort auch einen ganz anderen Sinn erhalten als das nicht rückbezügliche:

dot①	duot	geben
doties①	duotiäß	sich begeben
izdot①	isduot	herausgeben
izdoties①	isduotiäß	gelingen
sarakstīt②	ßarakßtiit	verfassen
sarakstīties②	ßarakßtiitiäß	korrespondieren

Nicht alle Tätigksitswörter, die im Lettischen rückbezüglich sind, müssen dies auch im Deutschen sein:

iepirkties[1]a	iäpirktiäß	einkaufen
mācīties[2]	maazitiäß	lernen
vizināties[3]	wisinaatiäß	spazierenfahren
šaubīties[3]	schaubiitiäß	zweifeln

Partizipien

Die Partizipien (Mittelwörter) werden im Lettischen wie folgt gebildet:

aktives Partizip der Gegenwart

Man geht vom „einfachen Stamm" aus und hängt -ošs*(m, Ez)* oder -oša*(w, Ez)* an, je nach Zahl und Geschlecht des dazugehörigen Hauptwortes. Die Mehrzahl bildet und beugt man wie bei einem unbestimmten Eigenschaftswort. Beispiel mit mīl-ēt miiläät *lieben*:

mīl-ošs dēls
miiluoschß däälß
ein liebender Sohn

mīl-oša meita
miiluoscha mäita
eine liebende Tochter

aktives Partizip der Vergangenheit

Es kann zusammen mit dem Hilfswort būt bu-ut *sein* zusammengesetzte Zeiten bilden. Es richtet sich in Zahl und Geschlecht nach dem Satzgegenstand (Subjekt). Man hängt an die 3. Person Vergangenheit ohne Endung -a an: -is(*m, Ez*), -uši(*m Mz*), -usi(*w, Ez*) oder -ušas(*w, Mz*):

Das Partizip der Vergangenheit hat eine Beugungsart, die hier nicht näher erklärt werden soll.

viņš gāj-a
winjsch gaaja
er ging

es esmu gāj-is
äß äßmu gaajiß
ich bin gegangen

viņš lasīj-a
winjsch laßiija
er las

viņi bija lasīj-uši
winji bija laßiijuschi
sie hatten gelesen

Bei rückbezüglichen Tätigkeitswörtern hängt man an die 3. Person Vergangenheit ohne Endung -ās: -ies(*m, Ez*), -usies(*w, Ez*), -ušies(*m, Mz*) oder -ušās(*w, Mz*):

viņš gatavoj-ās
winjsch gatawuojaaß
er bereitete sich vor

viņš bija gatavoj-ies
winjsch bija gatawuojiäß
er hatte sich vorbereitet

viņa bija gatavoj-usies
winja bija gatawuojußiäß
sie hatte sich vorbereitet

Verbalsubstantiv

Im Lettischen besteht die Möglichkeit, aus jedem Tätigkeitswort ein Hauptwort (Verbalsubstantiv) zu bilden, ähnlich wie im Deutschen z.B. „lesen" - „das Lesen". Das lettische Verbalsubstantiv endet stets auf -šana (bei rückbezüglichen Verben auf -šanās) und wird nach der ⑤ Beugungsklasse der Hauptwörter gebeugt:

braukt①b	braukt	fahren
braukšana⑤	braukschana	das Fahren
redzēt②	rädsäät	sehen
redzēšana⑤	rädsääschana	das Sehen

Einige wichtige Verben

Grundform	Gegenwart*	Vergangenheit*	
pienākt ①a	pienāk	pienāca	*ankommen*
piezvanīt②	piezvana	piezvanīja	*anrufen*
sākt①a	sāk	sāka	*beginnen*
dabūt③	dabū(n)	dabūja	*bekommen*
maksāt③	maksā	maksāja	*bezahlen*
lūgt①b	lūdz	lūdza	*bitten*
atnest①	atnes	atnesa	*bringen*
izskaidrot③	izskaidro	izskaidroja	*erklären*
ēst①	ēd	ēda	*essen*
braukt①b	brauc	brauca	*fahren*
jautāt③	jautā	jautāja	*fragen*
dot①	dod	deva	*geben*
iet①	iet	gāja	*gehen*
atnest①	atnes	atnesa	*holen*
dzirdēt②	dzird	dzirdēja	*hören*
nopirkt①a	nopērk	nopirka	*kaufen*
pazīt②	pazīst	pazina	*kennen*
nākt①a	nāk	nāca	*kommen*
mīlēt②	mīl	mīlēja	*lieben*
darīt②	dara	darīja	*machen*
ņemt①	ņem	ņēma	*nehmen*
sacīt②	saka	sacīja	*sagen*
redzēt②	redz	redzēja	*sehen*
sēdēt②	sēd/sēž	sēdēja	*sitzen*
meklēt③	meklē	meklēja	*suchen*
dzert①	dzer	dzēra	*trinken*
saprast①	saprot	saprata	*verstehen*
gaidīt②	gaida	gaidīja	*warten*
zināt②	zin/zina	zināja	*wissen*
dzīvot③	dzīvo	dzīvoja	*wohnen*
rādīt②	rāda	rādīja	*zeigen*

**Angegeben ist jeweils die 3. Person „er, sie(Ez/Mz), es".*

Umstandswörter

Aus fast jedem Eigenschaftswort kann man im Lettischen das entsprechende Umstandswort (Adverb) bilden. Dazu wird in der Regel die Endung -i an den Eigenschaftswortstamm angehängt.

Zur Erinnerung: Den Stamm erhält man, indem man von der männlichen Form des Eigenschaftswortes die Endung -s abstreicht.

	Eigenschaftswort	Umstandswort
gut	**labs** labß	**labi** labi
sparsam	**taupīgs** taupiigß	**taupīgi** taupiigi
stark	**stipŗs** ßtiprß	**stipri** ßtipri
nett	**jauks** jaukß	**jauki** jauki
lettisch	**latvisks** latwißkß	**latviski** latwißki

Bei einigen Eigenschaftswörtern werden die Umstandswörter mit Hilfe der Endung -u oder -ām gebildet:

nah	**tuvs** tuwß	**tuvu** tuwu
fern	**tāls** taalß	**tālu** taalu
still, leise	**kluss** klußß	**klusu** klußu/**klusām** klußaam
spät	**vēls** wäälß	**vēlu** wäälu
langsam	**lēns** läänß	**lēnām** läänaam / **lēni** lääni

Vergleichen Sie die Verwendung von Eigenschaftswörtern und Umstandswörtern:

lēns/ātrs autobuss
läänß/aatrß autobuß
langsamer/schneller(Eigenschaftswort) Bus
ein langsamer/schneller Bus

Autobuss brauc lēnām/ātri.
autobuß brauz läänaam/aatri
Bus fährt langsam/schnell(Umstandswort)
Der Bus fährt langsam/schnell.

Viņš ir taupīgs cilvēks.
winjsch ir taupiigß zilwääkß
er ist sparsam(Eigenschaftswort) Mensch
Er ist ein sparsamer Mensch.

Mans draugs dzīvo taupīgi.
manß draugß dsiiwo taupiigi
mein Freund lebt sparsam(Umstandswort)
Mein Freund lebt sparsam.

Man iet labi.
man iät labi
mir[3] geht gut(Umst.)
Mir geht es gut.

Viņš runā latviski.
winjsch runaa latwißki
er spricht Lettisch(Umst.)
Er spricht Lettisch.

Von gesteigerten Eigenschaftswörtern werden die entsprechenden Umstandswörter gebildet, indem man lediglich die männliche bzw. weibliche Endung -s bzw. -a wegstreicht:

labs	**labāks/labāka**	**labāk**
labß	labaakß/labaaka	labaak
gut	besserer *m/w*	besser *Umst.*
lēns	**lēnāks/lēnāka**	**lēnāk**
läänß	läänaakß/läänaaka	läänaak
langsam	langsamerer *m/w*	langsamer *Umst.*

Fragen

Das Fragewort vai *wird in der Wort-für-Wort-Übersetzung immer mit „FW" abgekürzt.*

Auf Entscheidungsfragen kann man nur mit jā jaa *ja* oder nē nää *nein* antworten. Sie werden durch Voranstellen des Fragewortes vai wai vor den Aussagesatz gebildet. Das Fragewort steht stets am Satzanfang:

Tu esi viņas draugs.	**Vai tu esi viņas draugs?**
tu äßi winjaß draugß	wai tu äßi winjas draugß
du bist ihr Freund	*FW du bist ihr Freund*
Du bist ihr Freund.	Bist du ihr Freund?

Vai mēs braucam uz mājām?
wai määß brauzam us maajaam
FW wir fahren nach Hause
Fahren wir nach Hause?

Jā mēs braucam.
jaa määß brauzam
ja wir fahren
Ja.

Vai Jūs esat mūsu gids?
wai juuß äßat muußu gidß
FW ihr seid/Sie sind unser Reiseleiter
Sind Sie unser Reiseleiter?

Vai mēs esam Rīgā?
wai määß äßam riigaa
FW wir sind Riga[5]
Sind wir in Riga?

Mēs nezinām, vai viņas draugs brauc uz koncertu.
mäāß näsinaam wai winjaß draugß brauz us konzärtu
wir nicht-wissen, ob ihr Freund fährt zum Konzert[4]
Wir wissen nicht, ob ihr Freund zum Konzert fährt.

vai *kann in indirekten Fragesätzen auch „ob" bedeuten.*

Ergänzungsfragen

Ergänzungsfragen werden mit Hilfe von Fragefürwörtern gebildet. Man antwortet mit einem vollständigen Satz.

kas	kaß	wer/was?
kurš/kura	kursch/kura	welcher/welche?
kāds/kāda	kaadß/kaada	was für ein/eine?
kā	kaa	wessen/wie?
kur	kur	wo?
no kurienes	nuo kuriänäß	woher?
uz kurieni	us kuriäni	wohin?
kad	kad	wann?
cik	zik	wie viel?
kāpēc	kaapääz	warum?

Cik maksā?
zik makßaa
wie-viel (es)kostet
Wie viel kostet es?

Kad mēs tiksimies?
kad mäāß tikßimiäß
wann wir werden-uns-treffen
Wann werden wir uns treffen?

Kur Jūs dzīvojat?
kur juuß dsiiwojat
wo (ihr)wohnt
Wo wohnen Sie?

Kā klājas?
kaa klaajaß
wie (es)geht
Wie geht's?

Cik naudas tu turi?
zik naudaß tu turi
wie-viel Geld[2] du hast
Wie viel Geld hast du?

kurš, kura, kāds *und* kāda *richten sich in Zahl und Geschlecht nach dem dazugehörigen Hauptwort:*

Kāda mūzika tev patīk?
kaada muusika täu patiik
was-für-eine Musik dir[3](sie)gefällt
Was für eine Musik gefällt dir?

Kuri vilcieni?
kuri wilziäni
welche Züge
Welche Züge?

Das Fragefürwort kas kann gebeugt werden:

1. Fall (Nominativ)	**kas?**	kaß	wer/was?
2. Fall (Genitiv)	**kā?**	kaa	wessen?
3. Fall (Dativ)	**kam?**	kam	wem?
4. Fall (Akkusativ)	**ko?**	kuo	wen/was?
5. Fall (Lokativ)	**kur?**	kur	wo?

Kas ir šis cilvēks?
kaß ir schiß zilwääkß
wer ist dieser Mensch
Wer ist dieser Mensch?

Ko Jums vajag?
kuo jumß wajag
was[4] euch[3]/Ihnen ist-nötig
Was brauchen Sie?

Ko Jūs vēlaties?
kuo wäälatiäß
was[4] (ihr)wünscht/(Sie) wünschen
Was wünschen Sie?

Verneinung

Tätigkeitswörter werden im Lettischen verneint, indem die Vorsilbe ne- dem Tätigkeitswort vorangestellt wird:

es esmu	äß äßmu	ich bin
es neesmu	äß nä'äßmu	ich bin nicht
es zinu	äß sinu	ich weiß
es nezinu	äß näsinu	ich weiß nicht
mēs gribam	määß gribam	wir wollen
mēs negribam	määß nägribam	wir wollen nicht

Viņš nav mājās.
winjsch nau maajaaß
er nicht-ist zu-Hause
Er ist nicht Zuhause.

Achtung:
Die Verneinung von ir ir *„ist" ist nicht* „neir", *sondern* nav nau *„ist nicht"*!

Es rīt nebūšu te.
äß riit näbuuschu tä
ich morgen nicht-werde-sein hier
Ich werde morgen nicht dasein.

Verneinung

Man kann auch Eigenschaftswörter verneinen, was der deutschen Vorsilbe „un-" ähnelt.

vienāds	wiänaadß	gleich
nevienāds	näwiänaadß	ungleich
vainīgs	wainiigß	schuldig
nevainīgs	näwainiigß	unschuldig
uzkrītošs	uskriituoschß	auffällig
neuzkrītošs	näuskriituoschß	unauffällig

Eine Satzergänzung (Objekt) kann im verneinten Satz statt im 4. Fall auch im 2. Fall stehen.

Vai tu redzi Pēteri?
wai tu rädsi päätäri
FW du siehst Peter^4
Siehst du Peter?

Nē, es neredzu Pēteri/Pētera.
nää äß närädsu päätäri/päätära
nein, ich nicht-sehe Peter^4/Peter^2
Nein, ich sehe Peter nicht.

Statt im 1. Fall kann der Satzgegenstand (Subjekt) bei Sätzen mit nav *auch im 2. Fall stehen:*

Pēteris/Pētera nav mājās.
pääteriß/päätera nau maajaaß
Peter/Peter^2 nicht-ist zu-Hause
Peter ist nicht Zuhause.

unbestimmte Fürwörter

neviens	näwiänß	kein einziger, niemand
nekas	näkaß	nichts
nekur	näkur	nirgendwo
nekad	näkad	nie

Alle unbestimmten Fürwörter verlangen im lettischen Satz eine doppelte Verneinung.

Man nekā nav.
man näkaa nau
mir nichts^2 nicht-ist
Ich habe nichts.

Man nekas nepatīk.
man näkaß näpatiik
mir nichts nicht-gefällt
Mir gefällt nichts.

Es viņu nekur neredzēju.
äß winju näkur närädsääju
ich ihn[2] nirgendwo (ich)nicht-sah er
Ich habe ihn nirgendwo gesehen.

Viņš nekad nerunā.
winjsch näkad närunaa
nie nicht-spricht
Er spricht nie.

Bindewörter

Im Gegensatz zum Deutschen, wo sich die Wortfolge eines Satzes je nach Bindewort (Konjunktion) verändert, bleibt diese im Lettischen weitgehend erhalten.

un; arī	un; arii	und; auch
vai	wai	oder/ob
jeb	jäb	bzw./oder
bet	bät	aber
lai gan	lai gan	obwohl
tomēr	tuomäär	trotzdem/dennoch
jo	juo	denn/da
ja	ja	wenn/falls
kad	kad	als/wenn (zeitlich)
pēc tam	pääz tam	nachdem
kad; ka	kad; ka	nachdem; dass
ne ... ne	nä ... nä	weder ... noch
gan ... gan	gan ... gan	sowohl ... als auch
vai nu ... vai	wai nu ... wai	entweder ... oder

Ja rīt būs labs laiks, es braukšu uz jūrmalu.
ja riit buuß labß laikß äß braukschu us juurmalu
wenn morgen wird-sein gutes Wetter ich werde-fahren zu/nach Strand[4]
Wenn morgen schönes Wetter ist, fahre ich an den Strand.

Es klusēju, jo neprotu runāt latviski.
äß klußääju juo näpruotu runaat latwißki
ich schweige, weil (ich)nicht-kann sprechen Lettisch(Umst.)
Ich schweige, weil ich kein Lettisch sprechen kann.

Beugung & Fälle

Lettische Haupt-, Für- und Eigenschaftswörter werden – je nachdem, welche Rolle sie innerhalb eines Satzes spielen – gebeugt (dekliniert). Die Beugung ist ein wesentlicher Teil der lettischen Grammatik. Sogar ausländische Eigennamen werden „abgewandelt“, um dann mit den entsprechenden Fallendungen versehen zu werden.

Einige wenige Hauptwörter (meistens Fremdwörter auf -o, *wie* auto, radio) *werden nicht gebeugt.*

die sechs Fälle

1. Fall (Nominativ) fragt nach kas kaß *wer/was*
2. Fall (Genitiv) fragt nach kā kaa *wessen*
3. Fall (Dativ) fragt nach kam kam *wem*
4. Fall (Akkusativ) fragt nach ko kuo *wen/was*
5. Fall (Lokativ) fragt nach kur kur *wo*
Diesen Fall gibt es im Deutschen nicht.
6. Fall (Vokativ/Anredefall) Er wird immer gebraucht, wenn eine Person angeredet wird. Gibt es im Deutschen auch nicht.

In den Wörterlisten stehen die Wörter immer im 1. Fall. In der Wort-für-Wort-Übersetzung sind die Fälle mit hochgestellten Nummern¹²³⁴⁵⁶ gekennzeichnet.

Beugung der Hauptwörter

Die Beugung ist für männliche und weibliche Hauptwörter unterschiedlich. Außerdem gibt es mehrere Beugungsklassen. Zu welcher Beugungsklasse ein Hauptwort gehört, ist meistens an der Fallendung im 1. Fall Einzahl zu erkennen. Man muss allerdings auch noch

Die Beugungsklassen sind durchnummeriert: ①②③④⑤⑥⑦.

das grammatische Geschlecht kennen. Zur Verdeutlichung sind die veränderten Endungen mit einem Bindestrich gekennzeichnet:

männliche Hauptwörter, Einzahl

	①	②	③	④
	draug-s	**brāl-is**	**akme-ns**	**tirg-us**
	draugß	braaliß	akmänß	tirguß
	Freund	*Bruder*	*Stein*	*Markt*
2. Fall (Genitiv)	**draug-a**	**brāļ-a**	**akme-ns**	**tirg-us**
3. Fall (Dativ)	**draug-am**	**brāļ-im**	**akme-nim**	**tirg-um**
4. Fall (Akkusativ)	**draug-u**	**brāļ-i**	**akme-ni**	**tirg-u**
5. Fall (Lokativ)	**draug-ā**	**brāļ-ī**	**akme-nī**	**tirg-ū**

männliche Hauptwörter, Mehrzahl

	①	②	③	④
	draug-i	**brāļ-i**	**akme-ņi**	**tirg-i**
	draugi	braalji	akmänji	tirgi
	Freunde	*Brüder*	*Steine*	*Märkte*
2. Fall (Genitiv)	**draug-u**	**brāļ-u**	**akme-ņu**	**tirg-u**
3. Fall (Dativ)	**draug-iem**	**brāļ-iem**	**akme-ņiem**	**tirg-iem**
4. Fall (Akkusativ)	**draug-us**	**brāļ-us**	**akme-ņus**	**tirg-us**
5. Fall (Lokativ)	**draug-os**	**brāļ-os**	**akme-ņos**	**tirg-os**

Bitte beachten: Alle Hauptwörter, die im 1. Fall auf -š enden, wie z.B. ceļš zäljsch *Weg*, werden wie die Beugungsklasse ① gebeugt. In der Beugungsklasse ② tritt ein Mitlautwechsel auf und zwar in der 2. Fall Einzahl und immer in der Mehrzahl. Die Mehrzahlendungen für Beugungsklassen ① und ④ sind gleich!

weibliche Hauptwörter, Einzahl

⑤	⑥	⑦	
pilsēt-a	**zem-e**	**bals-s**	
pilßääta	sämä	halß	
Stadt	*Land/Erde*	*Stimme*	
pilsēt-as	**zem-es**	**bals-s**	*2. Fall (Genitiv)*
pilsēt-ai	**zem-ei**	**bals-ij**	*3. Fall (Dativ)*
pilsēt-u	**zem-i**	**bals-i**	*4. Fall (Akkusativ)*
pilsēt-ā	**zem-ē**	**bals-ī**	*5. Fall (Lokativ)*

weibliche Hauptwörter, Mehrzahl

⑤	⑥	⑦	
pilsēt-as	**zem-es**	**bals-is**	
pilßäätaß	sämäß	balßiß	
Städte	*Länder*	*Stimmen*	
pilsēt-u	**zem-ju**	**bals-u**	*2. Fall (Genitiv)*
pilsēt-ām	**zem-ēm**	**bals-īm**	*3. Fall (Dativ)*
pilsēt-as	**zem-es**	**bals-is**	*4. Fall (Akkusativ)*
pilsēt-ās	**zem-ēs**	**bals-īs**	*5. Fall (Lokativ)*

Bitte beachten: In Beugungsklasse ⑥ tritt bei allen Hauptwörtern im 2. Fall (Genitiv) Mehrzahl ein Mitlautwechsel auf! Einige Hauptwörter der Beugungsklasse ⑦ (z.B. pils pilß *Burg*), haben im 2. Fall (Genitiv) Mehrzahl (z.B. piļu pilju *der Burgen*) einen Mitlautwechsel.

Beugung der Eigenschaftswörter

Die unbestimmte und bestimmte Form werden unterschiedlich gebeugt:

unbestimmte Form

Besitzanzeigende Fürwörter werden auch wie die unbestimmte Form gebeugt.

Beispiel: „gut“	*m, Ez*	*m. Mz*	*w, Ez*	*w, Mz*
1. Fall (Nominativ)	**lab-s**	**lab-i**	**lab-a**	**lab-as**
2. Fall (Genitiv)	**lab-a**	**lab-u**	**lab-as**	**lab-u**
3. Fall (Dativ)	**lab-am**	**lab-iem**	**lab-ai**	**lab-ām**
4. Fall (Akkusativ)	**lab-u**	**lab-us**	**lab-u**	**lab-as**
5. Fall (Lokativ)	**lab-ā**	**lab-os**	**lab-ā**	**lab-ās**

bestimmte Form

Hinweisende Fürwörter – z.B. šis/tas schiß/taß *dieser/jener* – werden so gebeugt wie die bestimmte Form des Eigenschaftswortes, welche man erhält, indem man die männliche Einzahlendung -s durch -ais ersetzt, usw.

	männlich Einzahl		*männlich Mehrzahl*	
1. Fall (Nominativ)	**šis/tas**	**liel-ais**	**šie/tie**	**liel-ie**
2. Fall (Genitiv)	**šā/tā**	**liel-ā**	**šo/to**	**liel-o**
3. Fall (Dativ)	**šim/tam**	**liel-ajam**	**šiem/tiem**	**liel-ajiem**
4. Fall (Akkusativ)	**šo/to**	**liel-o**	**šos/tos**	**liel-os**
5. Fall (Lokativ)	**šinī/tanī**	**liel-ajā**	**šinīs/tanīs**	**liel-ajos**

	weiblich Einzahl		*weiblich Mehrzahl*	
1. Fall (Nominativ)	**šī/tā**	**liel-ā**	**šis/tās**	**liel-ās**
2. Fall (Genitiv)	**šī/taš**	**liel-ās**	**šo/to**	**liel-o**
3. Fall (Dativ)	**šai/tai**	**liel-ajai**	**šīm/tām**	**liel-ajām**
4. Fall (Akkusativ)	**šo/to**	**liel-o**	**šīs/tās**	**liel-ās**
5. Fall (Lokativ)	**šinī/tanī**	**liel-ajā**	**šinīs/tanīs**	**liel-ajās**

Beugung der persönlichen Fürwörter

Einzahl

1.Person	*2.Person*	*3.Person,m*	*3.Person,w*	
es *ich*	**tu** *du*	**viņš** *er*	**viņa** *sie*	*1. Fall (Nominativ)*
manis *mein*	**tevis** *dein*	**viņa** *sein*	**viņas** *ihr*	*2. Fall (Genitiv)*
man *mir*	**tev** *dir*	**viņam** *ihm*	**viņai** *ihr*	*3. Fall (Dativ)*
mani *mich*	**tevi** *dich*	**viņu** *ihn*	**viņu** *sie*	*4. Fall (Akkusativ)*
manī *in mir*	**tevī** *in dir*	**viņā** *in ihm*	**viņā** *in ihr*	*5. Fall (Lokativ)*

Mehrzahl

1.Person	*2.Person*	*3.Person m/w*	
mēs *wir*	**jūs** *ihr*	**viņi/viņas** *sie*	*1. Fall (Nominativ)*
mūsu *unser*	**jūsu** *euer*	**viņu/viņu** *ihr*	*2. Fall (Genitiv)*
mums *uns*	**jums** *euch*	**viņiem/viņām** *ihnen*	*3. Fall (Dativ)*
mūs *uns*	**jūs** *euch*	**viņus/viņas** *sie*	*4. Fall (Akkusativ)*
mūsos *in uns*	**jūsos** *in euch*	**viņos/viņās** *in ihnen*	*5. Fall (Lokativ)*

Beugung des rückbezüglichen „sich“

1. Fall (Nominativ)	–	
2. Fall (Genitiv)	**sevis**	ßäwiß
3. Fall (Dativ)	**sev**	ßäu
4. Fall (Akkusativ)	**sevi**	ßäwi
5. Fall (Lokativ)	**sevī**	ßäwii

Verhältniswörter

drauga *ist der 2. Fall Ez von* draugs *„Freund"*; draugiem *ist 3. Fall Mz von* draugs.

Im Gegensatz zum Deutschen kann im Lettischen das Bezugswort in der Einzahl je nach Verhältniswort im 2., 3. oder 4. Fall stehen. In der Mehrzahl hingegen ist nur der 3. Fall (Dativ) möglich! Z.B. verlangt pie piä „bei" den 2. Fall, wenn das Bezugswort in der Einzahl steht. Demnach würde „bei einem Freund" pie drauga heißen, während „bei Freunden" pie draugiem heißt.

den 2. Fall Einzahl verlangen

aiz	ais	hinter / aus (Grund)
aiz skapja	ais ßkapja	hinter dem Schrank
aiz galda	ais galda	hinter dem Tisch
aiz prieka	ais priäka	aus Freude
aiz niknuma	ais niknuma	aus Wut
zem	säm	unter
zem gultas	säm gultaß	unter dem Bett
bez	bäs	ohne
bez naudas	bäs naudaß	ohne Geld
no	nuo	von/aus

no Rīgas
nuo riigaß
aus Riga

vēstule no drauga
wääßtulä nuo drauga
Brief von einem Freund

no galvas
nuo galwaß
auswendig

no akmens
nuo akmänß
aus Stein

pēc	**pēc darba**	**pēc stundas**
pääz	pääz darba	pääz ßtundaß
nach	nach der Arbeit	in einer Stunde
pie	**pie drauga**	**pie loga**
piä	piä drauga	piä lu oga
bei/an	beim Freund	am Fenster
uz	**uz galda**	
us	us galda	
auf	auf dem Tisch	

den 3. Fall Einzahl verlangt

līdz	**līdz Latvijai**	**līdz pirmdienai**
liids	liids latwijäi	liids pirmdiänäi
bis	bis Lettland	bis Montag

Bitte beachten: Steht das Bezugswort in der Mehrzahl, wird es – unabhängig vom Verhältniswort – immer im 3. Fall Mehrzahl gebeugt.

den 4. Fall Einzahl verlangen

ar	**ar dēlu**	**rakstīt ar pildspalvu**
ar	ar däälu	rakßtiit ar pildßpalwu
mit	mit dem Sohn	mit Füller schreiben
caur	**caur mežu**	
zaur	zaur mäshu	
durch	durch den Wald	

par	**par mani**	**par Rīgu**
par	par mani	par riigu
für/über	für mich	über Riga

starp	**starp tevi un mani**
ßtarp	ßtarp täwi un mani
zwischen	zwischen dir und mir

uz	**uz Rīgu**	**uz muzeju**
us	us riigu	us musäju
nach/zu	nach Riga	ins Museum

uz stacijas laukumu
us ßtazijaß laukumu
zum Bahnhofsplatz

5. Fall (Lokativ)

Das örtliche Verhältniswort „in" wird im Lettischen durch den 5. Fall wiedergegeben:

Rīgā	**Latvijā**
Riga[5]	*Lettland*[5]
in Riga	in Lettland

Wer sich das alles nicht merken möchte, hat zwei Möglichkeiten: Entweder man verwendet nach einem Verhältniswort nur Wörter in der Mehrzahl und benutzt dann stets den 3. Fall Mehrzahl. Oder man ignoriert die Beugung und benutzt konsequent den 1. Fall, was zwar ein relativ grober Fehler ist, keinesfalls aber die Verständigung behindert!

Zahlen & Zählen

Die Grundzahlen von 1-9 (außer 3) richten ihr Geschlecht nach dem Hauptwort. Gebeugt werden die Zahlen von 1-9 wie die unbestimmte Form des Eigenschaftswortes.

Bei einer Aufzählung wird stets die männliche Form verwendet.

0	**nulle**	nulä
1	**viens/viena**	wiänß/wiäna
2	**divi/divas**	diwi/diwaß
3	**trīs**	triiß
4	**četri/četras**	tschätri/tschätraß
5	**pieci/piecas**	piäzi/piäzaß
6	**seši/sešas**	ßäschi/ßäschaß
7	**septiņi/septiņas**	ßäptinji/ßäptinjaß
8	**astoņi/astoņas**	aßtuonji/aßtuonjaß
9	**deviņi/deviņas**	däwinji/däwinjaß

Die erstgenannte Form ist immer die männliche, die zweite die weibliche!

viens zēns	**viena māja**	**divi zēni**	**divas mājas**
wiäna säänß	wiäna maaja	diwi sääni	diwaß maajaß
1 Junge	1 Haus	2 Jungen	2 Häuser

10	**desmit**	däßmit
11	**vienpadsmit**	wiänpadßmit
12	**divpadsmit**	diwpadßmit
13	**trīspadsmit**	triißpadßmit
14	**četrpadsmit**	tschätrpadßmit
15	**piecpadsmit**	piäzpadßmit
16	**sešpadsmit**	ßäschpadßmit
17	**septiņpadsmit**	ßäptinjpadßmit
18	**astoņpadsmit**	aßtuonjpadßmit
19	**deviņpadsmit**	däwinjpadßmit

Ab der Zahl 10 werden keine männlichen oder weiblichen Formen mehr unterschieden.

Die Zehnerzahlen bildet man, indem man -desmit *„zehn" an den Stamm der Grundzahl hängt (Ausnahme:* trīs trieß *drei). Grundzahl: Zahl ohne die männliche Endung* -i.

Die Hunderter und Tausender werden auf ähnliche Weise gebildet wie Zehnerzahlen, nämlich durch Anhängen von -simt *„hundert" bzw.* -tūkstoš *„tausend" an den Stamm der jeweiligen Grundzahl.*

20	**divdesmit**	diwdäßmit
30	**trīsdesmit**	triißdäßmit
40	**četrdesmit**	tschätrdäßmit
50	**piecdesmit**	piäzdäßmit
60	**sešdesmit**	ßäschdäßmit
70	**septiņdesmit**	ßäptinjdäßmit
80	**astoņdesmit**	aßtuonjdäßmit
90	**deviņdesmit**	däwinjdäßmit
100	**simts**	ßimtß
200	**divsimt**	diwßimt
300	**trīssimt**	triißimt
400	**četrsimt**	tschätrßimt
500	**piecsimt**	piäzßimt
1000	**tūkstoš**	tuukßtuosch
2000	**divtūkstoš**	diwtuukßtuosch
3000	**trīstūkstoš**	triißtuukßtosch
4000	**četrtūkstoš**	tschätrtuukßtuosch
5000	**piectūkstoš**	piäztuukßtuosch
1 Mio.	**miljons**	miljonß
2 Mio.	**divi miljoni**	diwi miljuoni
1 Mill.	**miljards**	miljardß
2 Mill.	**divi miljardi**	diwi miljardi

Für zusammengesetzte Zahlen werden die Einer den Zehnern nachgestellt und stimmen im Geschlecht mit dem Hauptwort überein.

21: **divdesmit viens/viena**
zwanzig eins(m/w)
74: **septiņdesmitčetri/četras**
siebzig vier(m/w)
265: **divsimt sešdesmit pieci/piecas**
zweihundert sechzig fünf(m/w)

527: **piecsimt divdesmit septiņi/septiņas**
fünfhundert zwanzig sieben(m/w)
7839: **septintūkstoš astoņsimt trīsdesmit deviņi/deviņas**
siebentausend achthundert dreißig neun(m/w)

Ordnungszahlen

1.	**pirmais/pirmā**	pirmaiß/pirmaa
2.	**otrais/otrā**	otraiß/otraa
3.	**trešais/trešā**	träschaiß/träschaa
4.	**ceturtais/ceturtā**	zäturtais/zäturtaa
5.	**piektais/piektā**	piäktaiß/piäktaa
6.	**sestais/sestā**	ßäßtaiß/ßäßtaa
7.	**septītais/septītā**	säptiitaiß/ßäptiitaa
8.	**astotais/astotā**	aßtuotais/aßtuotaa
9.	**devītais/devītā**	däwiitaiß/däwiitaa
10.	**desmitais/desmitā**	
11.	**vienpadsmitais/vienpadsmitā**	
12.	**divpadsmitais/divpadsmitā**	
20.	**divdesmitais/divdesmitā**	
30.	**trīsdesmitais/trīsdesmitā**	
50.	**piecdesmitais/piecdesmitā**	
35.	**trīsdesmit piektais/piektā** *dreißig fünfter(m)/fünfte(w)*	
527.	**piecsimt divdesmit septītais/septītā** *fünfhundert zwanzig siebter(m)/siebte(w)*	

Alle Ordnungszahlen werden genauso gebeugt wie die bestimmte Form der Eigenschaftswörter.

Die Ordnungszahlen von 1. bis 9. sind jedoch etwas unregelmäßig.

Bei zusammengesetzten Zahlen ist jeweils nur der letzte Bestandteil eine Ordnungszahl.

Bruchzahlen

Die weibliche Form der Grundzahl steht im Zähler und im Nenner steht die Ordnungszahl ohne -ais/-ā) und daļa(s) dalja(ß) Teil(e).

1/2	**puse**	puße
1/3	**viena trešdaja**	wiäna träschdalja
2/3	**divas trešdaļas**	diwaß träschdaljaß
1/4	**viena ceturtdaļa**	wiäna zäturdalja
3/4	**trīs ceturtdaļas**	triiß träschdaljaß
1/5	**viena piektdaļa**	wiäna piäktdalja
1/7	**viena septītdaļa**	wiäna ßäptiitdalja
3/8	**trīs astotdaļas**	triiß aßtuotdaljaß
1/9	**viena devītdaļa**	wiäna däwiitdalja
1/10	**viena desmitdaļa**	wiäna däßmitdalja

Kommazahlen

zwei und fünf Zehntel	2,5	**divi un piecas desmitdaļas** diwi un piäzaß däßmitdaljaß
vier und zwei Zehntel	4,2	**četri un divas desmitdaļas** tschätri un diwaß däßmitdaljaß

Prozente

wörtlich: halb-Prozent²	0,5%	**pusprocenta**	pußprozänta
ein Prozent	1%	**viens procents**	wiänß prozäntß
sechs Prozente	6%	**seši procenti**	ßäschi prozänti
50 Prozente/Prozente²	50%	**piecdesmit procenti/procentu**	piäzdäßmit prozänti/prozäntu
100 Prozente/Prozente²	100%	**simt procenti/procentu**	ßimt prozänti/prozäntu

zählen

Bei den Zahlen von 2 bis 9 steht das Gezählte immer im 1. Fall Mehrzahl. Ab 10 kann das Gezählte sowohl im 1. Fall Mehrzahl als auch im 2. Fall Mehrzahl stehen. Der Gebrauch des 2. Falls ist nicht immer möglich, so dass man als Anfänger besser beraten ist, immer den 1. Fall zu verwenden.

trīs studenti
triiß ßtudänti
drei Studenten
drei Studenten

desmit draugi/draugu
däßmit draugi/draugu
zehn Freunde/Freunde[2]
zehn Freunde

divdesmit viens cilvēks
diwdäßmit wiänß zilwääkß
zwanzig und ein Mensch(Ez)
einundzwanzig Menschen

Achtung! Nach viens wiänß *„eins" steht das Hauptwort auch in zusammengesetzten Zahlen immer im 1. Fall Einzahl!*

Maß- & Mengenangaben

Auch Maß- und Mengenangaben können (außer nach viens wiänß *eins*) entweder im 1. oder 2. Fall Mehrzahl stehen.

simt gram-i/-u	ßimt grami/-u	100 Gramm	*100 gr.(Mz)/gr.(Mz)*[2]
viens litrs	wiänß litrß	1 Liter	*1 Liter(Ez)*
viens kilograms	wiänß kilogramß	1 Kilogramm	*1 Kilogramm*

unbestimmte Mengenangaben

(par) daudz	(par) dauds	(zu) viel
pārāk daudz	paaraak dauds	allzu viel
vairāk	wairaak	mehr
apmēram	apmääram	ungefähr
(par) maz	(par) mas	(zu) wenig

Man ir maz naudas.	**Vai ar to pietiek?**
man ir mas naudaß	wai ar to piätiäk
mir[3] ist wenig Geld[2]	*FW für das (es)reicht*
Ich habe wenig Geld.	Reicht das?

Zeit & Datum

Zunächst ein paar allgemeine Zeitangaben:

šodien	schodiän	heute
vakar	wakar	gestern
rīt	riit	morgen
aizvakar	aiswakar	vorgestern
parīt	pariit	übermorgen
rītos	riitoß	morgens

priekšpusdienā	**pusdienā**	**pēcpusdienā**
priäkschpußdiänaa	pußdiänaa	päätzpußdiänaa
vormittags	mittags	abends

vakaros	wakaroß	nachmittags
naktīs	naktiiß	nachts
dienu	diänu	täglich
agri; agrāk	agri; agraak	früh; früher
vēlu; vēlāk	wäälu; wäälaak	spät; später
nekad; reti	näkad; räti	nie; selten
bieži	biäshi	oft
šad un tad	schad un tad	ab und zu
vienmēr	wiänmäär	immer
tagad; tūlīt	tagad; tuuliit	jetzt; sofort
drīz; tad	driis; tad	bald; dann

pagājušajā nedēļa
pagaajuschajaa nedäälja
vorige Woche

šonedēļ
schuonädäälj
diese Woche

nākamnedēļ
naakamnädäälj
nächste Woche

pērn
päärn
voriges Jahr

šogad
schuogad
dieses Jahr

nākamgad
naakamgad
nächstes Jahr

Uhrzeit

pulkstenis②	pulkßtäniß	Uhr(zeit)
laiks①	laikß	Zeit
minūte⑥	minuutä	Minute
ceturksnis②	zäturkßniß	Viertel(stunde)
pus-	puß	halb-
pusstunda⑤	pußtunda	halbe Stunde
stunda⑤	ßtunda	Stunde

Cik ir pulkstenis? **Tagad pulkstenis ir astoņi.**
zik ir pulkßtäniß tagad pulkstäniß ir aßtuonji
wie-viel ist Uhr *jetzt Uhr ist acht*
Wie viel Uhr ist es? Es ist jetzt acht Uhr.

Tagad (pulkstenis) ir piecas (minūtes) pāri sešiem.
tagad (pulkßtäniß) ir piäzaß (minuutäß) paari ßäschiäm
jetzt (Uhr) ist fünf(w) (Minuten) nach sechs(Mz)3
Es ist jetzt fünf nach sechs.

Tagad (pulkstenis) ir ceturksnis pāri pieciem.
tagad (pulkßtänіß) ir zäturkßniß paari piäziäm
jetzt (Uhr) ist Viertel nach fünf(Mz)3
Jetzt ist es viertel nach fünf.

Tagad (pulkstenis) ir pusseptiņi.
tagad (pulkßtäniß) ir pußäptinji
jetzt (Uhr) ist halb-sieben
Es ist jetzt halb sieben.

Tagad (pulkstenis) ir divdesmit (minūtes) pirms deviņiem.
tagad (pulkßtäniß) ir diwdäßmit (minuutäß) pirmß däwinjiäm
jetzt (Uhr) ist zwanzig (Minuten) vor neun(Mz)3
Es ist jetzt zwanzig vor neun.

Cikos?	**Es atnākšu astoņos.**
zikuoß	äß atnaakschu aßtuonjuoß
wie-viel[5]	*ich werde-ankommen acht*(Mz)5
Um wie viel Uhr?	Ich komme um acht.

Wochentage

Um „am Montag/ Dienstag, etc." auszudrücken, streicht man lediglich die Endung -a *des betreffenden Wochentages ab.*

pirmdiena⑤	pirmdiäna	Montag
otrdiena⑤	uotrdiäna	Dienstag
trešdiena⑤	träschdiäna	Mittwoch
ceturtdiena⑤	zäturtdiäna	Donnerstag
piektdiena⑤	piäktdiäna	Freitag
sestdiena⑤	ßäßtdiäna	Samstag
svētdiena⑤	ßwäätdiäna	Sonntag

Es atbraukšu pirmdien.
äß atbraukschu pirmdiän
ich werde-ankommen Montag-am
Ich werde am Montag ankommen.

Mēs pulcējamies pirmdienās.
määäß pulzääjamiäß pirmdiänaaß
wir versammeln-uns Montage$^{(Mz)5}$
Wir treffen uns montags.

Für „Montags, etc." steht es im 5. Fall Mz.

Feiertage

Lieldienas	liäldiänaß	Ostern
Ziemsvētki	siämßwäätki	Weihnachten
Vasarsvētki	waßarßwäätki	Pfingsten
Jaungads	jaungadß	Neujahr

Monate

janvāris②	janwaariß	Januar
februāris②	fäbruaariß	Februar
marts①	martß	März
aprīlis②	apriiliß	April
maijs①	maijß	Mai
jūnijs①	juunijß	Juni
jūlijs①	juulijß	Juli
augusts①	augußts	August
septembris②	ßäptämbriß	September
oktobris②	oktobriß	Oktober
novembris②	nuowämbriß	November
decembris②	däzämbriß	Dezember

Monatsnamen gehören Beugungsklasse ① oder ② an. „Im Januar/Februar" drückt man mit Hilfe des 5. Falls aus.

janvārī/februārī
janwaarii/fäbruaarii
Januar⁵/Februar⁵
im Januar/Februar

Jahreszeiten

Für „im Sommer", etc. nimmt man den 5. Fall (Lokativ).

pavasaris②	pawaßarіß	Frühling
vasara⑤	waßara	Sommer
rudens③	rudänß	Herbst
ziema⑤	siäma	Winter
pavasarī	pawaßarii	im Frühling
vasarā	waßaraa	im Sommer
rudenī	rudänii	im Herbst
ziemā	siämaa	im Winter

Datum

diena⑤	diäna	Tag
nedēļa⑤	nädäälja	Woche
mēnesis②	määnäßiß	Monat
gads①	gadß	Jahr
datums①	datumß	Datum

Kāds ir šodien datums?
kaadß ir schodiän datumß
was-für-ein ist heute Datum
Welches Datum ist heute?

Šodien ir četrpadsmitais maijs.
schodiän ir tschätrpadßmitaiß maijß
heute ist 14. Mai
Heute ist der 14. Mai.

Šodien ir tūkstoš deviņsimt deviņdesmit trešā gada trešais oktobris.
schodiän ir tuukßtuoß däwinjßimt däwinjdäßmit träschaa gada träschaiß oktobriß
heute ist tausend neunhundert neunzig drittes[(w)] *Jahr*[2] *3. Oktober*
Heute ist der 3. Oktober 1993.

geschrieben: 1993.g. 3. okt.

vienpadsmitajā augustā
wiänpadßmitajaa augußtaa
elfter[5] *August*[5]
am 11. August

Es esmu dzimis tūkstoš deviņsimt sešdesmit trešajā gadā.
äß äßmu dsimiß tuukßtosch däwinjßimt ßäschdäßmit träschajaa gadaa
ich bin geboren[(m)] *tausend neunhundert sechzig drittes*[5] *Jahr*[5]
Ich wurde im Jahre 1963 geboren.

Mana māsa ir dzimusi tūkstoš deviņsimt piecdesmit ceturtajā gadā.
mana maaßa ir dsimußi tuukßtosch däwinjßimt piäzdäßmit zäturtajaa gadaa
meine Schwester ist geboren[(w)] *im tausend neunhundert fünfzig viertes*[5] *Jahr*[5]
Meine Schwester wurde im Jahre 1954 geboren.

Kurz-Knigge

Letten sind Fremden gegenüber zunächst etwas reserviert; die erste Kontaktaufnahme wird mancher vielleicht als etwas mühsam empfinden. Sind die ersten „Hürden" überwunden, können tiefe und gute Freundschaften entstehen. Besonders auf dem Lande ist die Gastfreundschaft sehr groß.

Im allgemeinen gelten die gleichen Verhaltensregeln wie im übrigen Europa, wobei zu beachten ist, dass die Letten in ihrer Mentalität und Lebensweise eher nach Nordeuropa tendieren. Dies ist angesichts der geografischen Lage und der geschichtlichen Entwicklung des Landes eigentlich gar nicht überraschend.

Traditionell sind die Letten evangelisch-lutherisch; ein kleiner Prozentsatz – besonders im mittleren und östlichen Teil des Landes – ist katholisch. Die russische Minderheit ist überwiegend orthodox.

Die über Jahrhunderte mündlich überlieferten Volkslieder der Letten, die Dainas, spiegeln die traditionellen Lebensvorstellungen des Volkes wider. Sie geben einen Einblick in das Gemüt der Menschen, zeigen ihre moralischen und ästhetischen Wertvorstellungen und dokumentieren ihre Bräuche und zum Teil auch ihre Geschichte. Die Dainas sind ein wichtiger Teil des kulturellen Erbes des lettischen Volkes.

Wichtige kulturelle Ereignisse sind die nationalen Feiertage, die Sängerfeste sowie Volksfeste wie z.B. das Mittsommernachtsfest Jani jaanji.

Namen & Anrede

Namen setzen sich – wie im Deutschen – aus Vor- und Nachnamen zusammen. Nachnamen haben zwei unterschiedliche Formen, je nachdem, ob sie sich auf Frauen oder auf Männer beziehen:

Übrigens: In der Regel stellt man sich mit Vornamen vor.

Frau:	Mann:
Pētersone, Anna	**Pētersons, Jānis**

kungs[1]	**kundze**[6]	**jaunkundze**[6]
kungß	kundsä	jaunkundsä
(der) Herr	(die) Frau	(das) Fräulein

Auch Namen werden entsprechend ihrer Beugungsklasse gebeugt: „Herr Kalniņš" heißt auf Lettisch: Kalniņa kungs, der Nachname wird also im 2. Fall gebeugt.

Die höfliche Anrede (Sie) ist im Lettischen mit dem persönlichen Fürwort für die 2. Person Mehrzahl jūs juuß *ihr* identisch. Die Regeln für das Siezen und Duzen entsprechen in etwa dem deutschen Sprachgebrauch. Aber man kann allgemein sagen, dass das Siezen in Lettland etwas verbreiteter ist als in Deutschland; denn in Lettland wird das „Sie“ auch unter Studenten und jungen Leuten, die sich nicht kennen, verwendet. Überschwengliche Begrüßungen (Umarmungen usw.) sind in Lettland auch unter Freunden nicht unbedingt üblich.

Begrüßen & Verabschieden

Erst einmal das Begrüßen:

Sveiks/sveika!	**Sveiki/sveikas!**	*Eine ziemlich „lockere“ Begrüßung, die zu jeder Tageszeit verwendet werden kann.*
ßwäikß/ßwäika	ßwäiki/ßwäikaß	
hallo(m/w)	*hallo*(m/w,Mz)	
Hallo! (eine Person)	Hallo! (mehrere)	

Die Begrüßung mit „hallo“ hat vier Formen: Eine Form, wenn der Begrüßte ein Mann ist (sveiks) und eine andere Form, wenn die Begrüßte eine Frau (sveika) ist. Mehrere Männer begrüßt man mit sveiki, mehrere Frauen mit sveikas, eine gemischte Gruppe von Männer und Frauen mit der männlichen Form sveiki.

gut-Morgen	**Labrīt!**	labriit	Guten Morgen!
gut-Tag	**Labdien!**	labdiän	Guten Tag!
gut-Abend	**Labvakar!**	labwakar	Guten Abend!
mit guter[4] Nacht[4]	**Ar labu nakti!**	ar labu nakti	Gute Nacht!
süße[2] Träume[2]	**Saldu dusu!**	saldu dußu	Schlaf(en Sie) gut!

Kā Jums iet?
kaa jumßiät
wie euch[3]/Ihnen (es)geht
Wie geht es Ihnen?

Kā tev iet?
kaa täwiät
wie dir[3] (es)geht
Wie geht es dir?

Paldies, labi.
paldiäß labi
danke, gut(Umst.)
Danke, gut.

verabschieden

Uz redzēšanos!
us rädsääschanoß
auf Wiedersehen[4]
Auf Wiedersehen!
(am gebräuchlichsten)

Visu labu!
wißu labu
alles[4] Gute[4]
Alles Gute!
(auch sehr verbreitet)

Ardievu!
ardiäwu
mit Gott[4]
Leb wohl!

Čau!
tschau
ciao
Tschüss!

Die Abschiedsformel Ardievu! wird nur noch selten gebraucht. Mittlerweile gebrauchend ie meisten, zumal jüngeren Leute das saloppe und freundliche čau!

Bitten, Danken, Wünschen

Zum Bitten verwendet man bei jeder Gelegenheit ganz einfach lūdzu:

lūdzu
luudsu
(ich)bitte
bitte

Parādiet man, lūdzu ...
paraadiät man luudsu
zeigt! (ich)bitte ...
Zeigen Sie mir, bitte ...

Ņemiet, lūdzu!
njämiät luudsu
nehmt! (ich)bitte
Greifen Sie zu!

Lūdzu, noģērbieties!
luudsu nodjäärbiätiäß
(ich)bitte ablegt-sich!
Bitte, legen Sie ab!

Lūdzu, sēdieties!
luudsu ßäädiätiäß
(ich)bitte setzt-sich!
Bitte, setzen Sie sich!

Lūdzu, atveriet durvis!
luudsu atwäriät durwiß
(ich)bitte öffnet! Tür
Bitte, öffnen Sie die Tür!

Esiet tik labs/laba (*oder:* laipns/laipna) ...
äßiät tik labß/laba (laipnß/laipna)
seien-Sie so gut$^{(m/w)}$ (nett$^{(m/w)}$)
Seien sie so gut (nett) ...

Esiet tik laipns, atnesiet man ...
äßiät tik laipnß atnäßiät man
seien-Sie so nett$^{(m)}$ bringen-Sie mir[3] ...
Seien Sie so nett und bringen Sie mir ...

Beachten Sie: Die Variante vor dem Schrägstrich wird verwendet, wenn man einen Mann anspricht, die Variante nach dem Schrägstrich, wenn man eine Frau anspricht.

Wenn man etwas nicht verstanden hat, kann man fragen: Kā, lūdzu? kaa luudsu *Wie bitte?*

danken

Pateicos!
patäizoß
(ich)bedanke-mich
Ich bedanke mich!

Paldies!
paldiäß
Dank
Danke!

Liels paldies!
liälß paldiäß
großer Dank
Vielen Dank!

Nē, paldies!
nää paldiäß
nein, (ich)danke
Nein, danke!

Die Person, der man dankt, steht im 3. Fall (Dativ).

Paldies tev!
paldiäß täu
(ich)danke dir[3]
Ich danke dir!

Paldies Jums!
paldiäß jumß
(ich)danke euch[3]*/Ihnen*
Ich danke euch/Ihnen.

Das, wofür man sich bedankt, wird mit Hilfe von par + *4. Fall ausgedrückt.*

Paldies par palīdzību!
paldiäß par paliidsiibu
(ich)danke über Hilfe[4]
Danke für die Hilfe!

Paldies par padomu!
paldiäß par paduomu
(ich)danke über Rat[4]
Danke für den Rat!

wünschen

Visu labu!
wißu labu
alles[4] *Gute*[4]
Alles Gute!

Labu ēstgribu/apetīti!
labu ääßgribu/apätieti
guten[4] *Appetit*[4]*/Appetit*
Guten Appetit!

Daudz laimes dzimšanas dienā!
dauds laimäß dsimschanaß diänaa
viel Glück[2] *Geburt*[2] *Tag*[5]
Viel Glück zum Geburtstag!

Laimīgu Jauno Gadu!
laimiigu jauno gadu
glückliches⁴ neues⁴ Jahr⁴
Frohes Neues Jahr!

Vēlu tev / Jums ...
wäälu täu / jumß
(ich)wünsche dir³ / euch³(Ihnen)
Ich wünsche dir / euch(Ihnen) ...

sekmes	ßäkmäß	Erfolg	*Erfolg²*
laimi	laimi	Glück	*Glück⁴*
veselību	wäßäliibu	Gesundheit	*Gesundheit⁴*
labu atpūtu	labu atpuutu	gute Erholung	*gute⁴ Erholung⁴*

sich entschuldigen

Atvaino!
atwainuo
verzeihe
Verzeih!

Atvainojiet!
atwainuojiät
verzeihen-Sie
Verzeihen Sie!

Piedod/Piedodiet (lūdzu)!
piäduod/piäduodiät (luudsu)
entschuldige/entschuldigen-Sie (bitte)
Entschuldige / Entschuldigen Sie (bitte)!

Piedodiet, es Jūs nesapratu.
piäduodiät äß juuß näßapratu
entschuldigen-Sie, ich Sie⁴ nicht-(ich)verstehe
Entschuldigen Sie, ich habe Sie nicht verstanden!

Das erste Gespräch

Mit diesen Sätzen können Sie bei Begegnungen gleich erste Konversation machen.

Kā Jūs/tevi sauc?
kaa juuß/täwi ßauz
wie Sie[4]/dich[4] (man)ruft
Wie heißen Sie / heißt du?

Kāds Jums/tev vārds?
kaadß jumß/täu waardß
was-für-ein Ihr[3]/dir[3] Name
Was ist Ihr/dein Name?

Mani sauc ...
mani ßauz
mich[4] (man)nennt ...
Ich heiße ...

Mans vārds ir ...
manß waardß ir
mein Name ist ...
Mein Name ist ...

Kur Jūs dzīvojat?
kur juuß dsiiwuojat
wo Sie wohnt
Wo wohnen Sie?

Kur tu dzīvo?
kur tu dsiiwo
wo du wohnst
Wo wohnst du?

Cik Jums/tev gadu?
zik jumß/täu gadu
wie-viel Sie[3]/dir[3] Jahre[2]
Wie alt sind Sie / bist du?

Man ir trīsdesmit gadi/gadu.
man ir triißdäßmit gadi/gadu
mir[3] sind dreißig Jahre/Jahre[2]
Ich bin 30 Jahre alt.

Wenn Sie wollen, teilen Sie Ihre Adresse mit:

Te ir mana adrese.
tä ir mana adräßä
hier ist meine Adresse
Hier ist meine Adresse.

Kas Jūs esat / tu esi pēc tautības?
kaß juuß äßat / tu äßi pääz tautiibaß
was Sie sind / du bist von Nationalität[2]
Was für ein Landsmann sind Sie / bist du?

Esmu beļģietis②/beļģiete⑥.
äßmu bäljdjiätiß/bäljdjiätä
(ich)bin Belgier/-in
Ich bin Belgier/-in.

vācie-tis②/-te⑥	waaziätiß/-tä	*Deutscher/Deutsche*
latvie-tis②/-te⑥	latwiätiß/-tä	*Lette/Lettin*
nīderlandie-tis②/-te④	niidärlandiätiß/-tä	*Niederländer/-in*
austrie-tis②/-te⑥	außtriätiß/-tä	*Österreicher/-in*
krievs①/krieviete⑥	kriäuß/kriäuiätä	*Russe/Russin*
šveicie-tis②/-te⑥	schwäiziätiß/-tä	*Schweizer/-in*

No kuras pilsētas jūs esat / Jūs esat / tu esi?
nuo kuraß pilßäätaß juuß äßat / juuß äßat /tu äßi
von welcher[2] *Stadt seid ihr / sind Sie / bist du*
Aus welcher Stadt kommt ihr / kommen Sie / kommst du?

Es esmu no Amsterdamas.
äß äßmu nuo amßtärdamaß
ich bin von Amsterdam[2]
Ich komme aus Amsterdam.

Auf der Kassette werden die Städtenamen als Ergänzung zum Satz es esmu no... *im 2. Fall vorgelesen.*

Amsterdama[5]	amßtärdama	Amsterdam
Antverpene[6]	antwärpänä	Antwerpen
Berlīne[6]	bärliinä	Berlin
Brisele[6]	brißälä	Brüssel
Diseldorfa[5]	dißäldorfa	Düsseldorf
Frankfurte[6]	frankfurtä	Frankfurt
... pie Mainas	piä mainaß	...am Main
... pie Oderas	piä odäraß	...an der Oder
Ķelne[6]	kjälnä	Köln
Maskava[5]	maßkawa	Moskau
Minhene[6]	minchänä	München
Rīga[5]	riiga	Riga
Tallina[5]	tallina	Tallinn
Viļņa[5]	wiljnja	Vilnius

Vai Jums ir bērni?
wai jumß ir bäärni
FW Ihr[3] *sind Kinder*
Haben Sie Kinder?

Vai Jūs esat precējies/precējusies?
wai juuß äßat präzääjiäß/präzääjußiäß
FW Sie sind verheiratet(m/w)
Sind Sie verheiratet?

Es neesmu precējies/precējusies.
äß nääßmu präzääjiäß/präzääjußiäß
ich bin nicht verheiratet(m/w)
Ich bin nicht verheiratet.

Mums ir divi bērni.
mumß ir diwi bäärni
uns[3] *sind zwei Kinder*
Wir haben zwei Kinder.

Par ko Jūs strādājat?
par kuo juuß ßtraadaajat
als was Sie arbeiten
Was arbeiten Sie?

Kāda Jums profesija?
kaada jumß profäßija
was-für-ein Ihr[3] Beruf
Was ist Ihr Beruf?

Kur Jūs strādājat?
kur juuß ßtraadaajat
wo Sie arbeiten
Wo arbeiten Sie?

Kur tu strādā?
kur tu ßtraadaa
wo du arbeitest
Wo arbeitest du?

Es esmu ...
äß äßmu
(ich)bin
Ich bin ...

strādnieks①**/strādniece**⑥	ßtraadniäkz/-zä	*Arbeiter/Arbeiterin*
ārsts①**/ārste**⑥	aarßtß/aarßtä	*Arzt/Ärztin*
zemnieks①**/zemniece**⑥	sämniäkß/-zä	*Bauer/Bäuerin*
kalpotājs①**/kalpotāja**⑤	kalpuotaajß/-a	*Angestellter/Angestellte*
frizieris②**/friziere**⑥	frisiäriß/-ä	*Frisör/-in*
inženieris②**/inženiere**⑥	inshäniäriß/-ä	*Ingenieur/-in*
žurnālists①**/žurnāliste**⑥	shurnaalißtß/-ä	*Journalist/-in*
mākslinieks①**/māksliniece**⑥	maakßliniäkß/-zä	*Künstler/-in*
skolotājs①**/skolotāja**⑤	ßkuoluotaajß/-a	*Lehrer/-in*
skolnieks①**/skolniece**⑥	ßkuolniäkß/-zä	*Schüler/-in*
students①**/studente**⑥	ßtudäntß/-ä	*Student/-in*
pārdevējs①**/pārdevēja**⑤	paardäwääjß/-a	*Verkäufer/-in*
zinātnieks①**/zinātniece**⑥	sinaatniäkß/zä	*Wissenschaftler/-in*

Vai jums Latvijā patīk?
wai jumß latwijaa patiik
FW euch[3] Lettland[5] gefällt
Gefällt es euch/Ihnen in Lettland?

Jā, man ļoti patīk.
jaa man ljoti patiik
ja, mir[3] sehr gefällt
Ja, es gefällt mir sehr.

Floskeln & Redewendungen

zustimmen		
Jā.	jaa	Ja.
Labi.	labi	Gut.
Ļoti labi!	ljuoti labi	Sehr gut!
Lieliski!	liälißki	Großartig!
Labprāt!	lapraat	Gerne!
Protams!	pruotamß	Selbstverständlich!
Varbūt.	warbuut	Kann sein.

	ablehnen		
	Nē.	nää	Nein.
nein (ich)danke	**Nē, paldies.**	nää paldiäß	Nein, danke.
nicht-(es)kann sein	**Nevar būt.**	näwar buut	Das kann nicht sein.
das nicht-(man)darf	**To nedrīkst.**	to nädriikßt	Das darf man nicht.

meinen, beurteilen

Jums/tev taisnība / nav taisnības.
jumß/täu taißniiba /nau taißniibaß
Ihr³/dir³ Recht / nicht-ist Recht²
Sie haben / du hast Recht/Unrecht.

Es domūju tāpat.
äß domuuju taapat
ich denke dasselbe
So sehe ich das auch.

Neesmu ar Jums vienis prātis.
nääßmu ar jumß wiäniß praatiß
nicht-(ich)bin mit Ihnen³ einer⁴ Meinung⁴
Ich stimme Ihnen nicht zu.

Neapšaubāmi!
näapschaubaami
nicht-zu-bezweifeln
Ohne Zweifel!

Katrā ziņā!
katraa sinjaa
jede[5] Beziehung[5]
Unbedingt!

Pareizi.
paräisi
korrekt
Es stimmt.

Varbūt.
warbuut
(es)kann-sein
Es kann sein.

Tas tiesa.
taß tiäßa
dies (es)ist-wahr
Das ist wahr.

Es par to esmu pārliecināts/pārliecināta.
äß par tuo äßmu paarliäzinaatß/paarliäzinaata
ich über das (ich)bin überzeugt(m/w)
Ich bin davon überzeugt.

sich freuen / sich unwohl fühlen

Vai Jūs jūtaties / tu jūties labi?
wai juuß juutatiäß / tu juutiäß labi
FW Sie fühlen-sich / du fühlst-dich gut(Umst.)
Fühlen Sie / Fühlst du dich gut?

Es jūtos/nejūtos labi.
äß juutoß/näjuutoß labi
ich fühle-mich/nicht-(ich)fühle-mich gut(Umst.)
Ich fühle mich wohl / nicht wohl.

Tas man patīk/nepatīk.
taß man patiik/näpatiik
jenes mir[3] (es)gefällt/nicht-(es)gefällt
Das gefällt mir / gefällt mir nicht.

Es ļoti priecājos par to.
äß ljuoti priäzaajoß par tuo
ich sehr (ich)freue-mich über das
Ich freue mich sehr darüber.

Liebesgeflüster

Das Thema Liebe und Sexualität ist in Lettland relativ heikel. Gemessen an hiesigen Maßstäben herrschen in Lettland eher konventionelle Vorstellungen vor, so dass man offene, unverkrampfte Gespräche über dieses Thema nicht erwarten sollte.

Es tevi mīlu.
äß täwi miilu
ich dich[4] (ich)liebe
Ich liebe dich.

Vai tu gribi ar mani gulēt?
wai tu gribi ar mani guläät
FW du willst mit mir[4] schlafen
Willst du mit mir schlafen?

Das weitere, die Sexualität betreffende Vokabular klingt im Lettischen ziemlich medizinisch, sachlich und kalt:

Die Bezeichnung „Aids“ wird auch in Lettland verwendet.

pretapaugļošanās līdzeklis②
prätapaugljoschanaaß liidsäkliß
gegen-Empfängnis[2] Mittel
(Verhütungs-)Pille

prezervatīvs①
präsärwatiiwß
Präservativ
Kondom

Man ir mēnešreizes.
man ir määnäschräisäß
mir[3] ist Monatsregel
Ich habe meine Tage.

Unterwegs ...

... in der Stadt

Kā sauc šo ielu/laukumu?
kaa ßauz scho iälu/laukumu
wie (man)nennt diese[4] Straße[4]/Platz[4]
Wie heißt diese Straße / dieser Platz?

Es gribētu braukt/iet uz ...
äß gribäätu braukt/iät us
ich würde-wollen fahren/gehen zu/nach ...[4. Fall!]
Ich möchte nach ... fahren (gehen).

Kā varētu nokļūt ...?
kaa waräätu nuokljuut
wie (ich)könnte gelangen ...[5. Fall!]
Wie komme ich nach ...?

Kā varētu aizbraukt uz ...?
kaa waräätu aisbraukt us
wie (ich)kann hinfahren zu/nach ...[4. Fall!]
Wie kann ich nach ... fahren?

Piedodiet, kur ir/atrodas ...?
piäduodiät kur ir/atroudaß
Sie-entschuldigen wo ist/sich-befindet ...
Entschuldigen Sie, wo ist/befindet sich ...?

In diese Fragen können Hauptwörter unverändert eingesetzt werden, z.B.:

vecpilsēta⑤	wäzpilßääta	Altstadt
aptieka⑤	aptiäka	Apotheke
stacija⑤	ßtazija	Bahnhof
banka⑤	banka	Bank
bulvāris②	bulwaariß	Boulevard
pils⑦	pilß	Burg
autoosta⑤	autuo-uoßta	Busbahnhof
piemineklis②	piäminäkliß	Denkmal
baznīca⑤	basniiza	Kirche
tirgus④	tirguß	Markt
ministrija⑤	minißtrija	Ministerium
muzejs①	musäjß	Museum
parks①	parkß	Park
laukums①	laukumß	Platz
pasta nodaļa⑤	paßta nodalja	Postamt
restorāns①	räßtoranß	Restaurant
stadions①	ßtadionß	Stadion

takßomätru ßtaawiäta	**taksometru stāvvieta**⑤	Taxistand
täläfon automaatß	**telefona automāts**①	Telefonzelle
täläfona zäntraale	**telefona centrāle**	Telefonzentrale
tä-aatriß	**teātris**②	Theater

Vai var apskatīt ...?
wai war apßkatiit
FW (man)kann besichtigen ...[4. Fall!]
Kann man ... besichtigen?

Vai ... ir atvērts/atvērta (slēgts/slēgta)?
wai ... ir atwäärtß/atwäärta (ßläägtß/ßläägta)
FW ... ist geöffnet(m/w) *(geschlossen*(m/w)*)*
Ist ... geöffnet (geschlossen)?

Sehenswürdigkeiten in Riga

Doma baznīca	duoma basniiza	*Domkirche*
Brīvības piemineklis	briiwiibaß piäminäklIß	*Freiheitsdenkmal*
Brīvdabas muzejs	briiwdabaß musäjß	*Freilichtmuseum*
Pulvertornis	pulwärtuornIß	*Pulverturm*
Rīgas pils	riigaß pilß	*Rigaer Burg*
Zviedru vārti	swiädru waarti	*Schwedisches Tor*

Vai var iet kājām?
wai war iät kaajaam
FW (man)kann gehen zu-Fuß
Kann man zu Fuß gehen?

Brauciet ar autobusu.
brauziät ar autobußu
fahren Sie! mit Bus[4]
Nehmen Sie den Bus!

Ir vēl simt metri / viens kilometrs.
ir wääl ßimt mätri / wiänß kilomätrß
sind noch hundert Meter / ein Kilometer
Es sind noch 100 Meter / 1 Kilometer.

Richtungshinweise

ārpus pilsētas
aarpuß pilßäätaß
außerhalb der Stadt

(tepat) aiz stūra
(täpat) ais ßtuura
(gleich) um die Ecke

tuvu; tālu	tuwu; taalu	nah; weit
te; tur	tä; tur	hier; dort
šurp; turp	schurp; turp	hierher; dorthin
uz priekšu	us priäkschu	geradeaus
atpakaļ	atpakalj	zurück
pa labi	pa labi	(nach) rechts
pa kreisi	pa kräißi	(nach) links
citur; visur	zitur; wißur	woanders; überall
krustojums①	krußtojumß	Kreuzung
luksofors①	lukßuofuorß	Ampel
centrā	zäntraa	im Zentrum
pretī	prätii	gegenüber

Ejiet arvien uz priekšu!
äjiät arwiän us priäkschu
gehen-Sie! stets nach geradeaus
Gehen Sie immer geradeaus!

Nākošā iela pa labi!
naakuoschaa iäla pa labi
nächste Straße nach rechts
Die nächste Straße rechts!

Brauciet vienu kilometru tālāk!
brauziät wiänu kilomätru taalaak
fahren Sie! einen[4] Kilometer[4] weiter
Gehen/fahren Sie noch einen Kilometer weiter!

Lūdzu, parādiet man kartē!
luudsu paraadiät man kartää
(ich)bitte zeigen-Sie! mir[3] Karte[5]
Zeigen Sie mir das bitte auf der Karte!

... mit dem Bus

In Lettland ist der Bus ein sehr wichtiges Verkehrsmittel. Außer Stadtbussen gibt es verschiedene Überlandbusse. Busfahrkarten sind meist teurer als Bahnfahrkarten, da der Bus in der Regel schneller ist. Für Stadtbusse gibt es Mehrfahrten- und Monatskarten, die an Kiosken zu erhalten sind.

In Riga befindet sich unweit des Hauptbahnhofes ein Zentraler Busbahnhof (Prāgas iela 1) *für Überlandbusse.*

autoosta⑤	auto uoßta	Busbahnhof
trolejbuss①	troläjbuß	Oberleitungsbus
tramvajs①	tramwajß	Straßenbahn
pietura⑤	piätura	Haltestelle

autobusa pietura⑤
autuobußa piätura
Bus[2] Haltestelle
Bushaltestelle

Uz kurieni iet šis tramvajs/trolejbuss?
us kuriäni iät schiß tramwajß/troläjbuß
wohin fährt diese Straßenbahn/Oberleitungsbus
Wohin fährt diese(r) Straßenbahn/Bus?

Kur ir trešā autobusa pietura?
kur ir träschaa autuobußa piätura
wo ist dritte[(w)2] Autobus[2] Haltestelle
Wo ist die Haltestelle von Bus Nr. 3?

Kurš autobuss iet uz ...?
kursch autuobuß iät us
welcher Bus geht nach...[4. Fall!]
Welcher Bus fährt nach ...?

Vai te iet autobuss uz ...?
wai tä iät autuobuß us
FW hier geht Bus nach ...[4. Fall!]
Fährt hier ein Bus nach ...?

Vai Jūs man pateiksit, kur man jākāpj ārā?
wai juuß man patäikßit kur man jaakaapj aaraa
FW Sie mir^3 werden-sagen wo mir^3 muss-steigen aus
Sagen Sie mir, wo ich aussteigen muss?

Cik pieturu vēl ir līdz ...?
zik piäturu wääl ir liids
wie-viel Haltestellen^2 noch sind bis ...$^{\text{3. Fall!}}$
Wie viele Haltestellen sind es noch bis ...?

Kur man jāpārsēžas?
kur man jaapaarßääshas
wo mir^3 muss-umsteigen
Wo muss ich umsteigen?

Vai Jūs tagad izkāpsit?
wai juuß tagad iskaapßit
FW Sie jetzt werden aussteigen
Steigen Sie jetzt aus?

Nē, es kāpšu ārā nākamajā pieturā.
nää äß kaapschu aaraa naakamajaa piäturaa
nein ich werde-steigen aus nächste[5] Haltestelle[5]
Nein, ich steige an der nächsten Haltestelle aus.

Kur varētu iegādāties talonus?
kur waräätu iägaadaatiäß taluonuß
wo (man)könnte anschaffen-sich Fahrkarten[4]
Wo kann man Fahrkarten kaufen?

... mit dem Taxi

Staatliche Taxis sind billiger als private und sie sind mit Taxameter ausgestattet. Üblich sind auch Minibusse (maršruta taksometrs), die auf einigen Strecken Fahrgäste einsammeln.

taksometrs①	**taksometra stāvvieta**⑤
takßomätrß	takßomätra ßtaawiäta
Taxi	Taxistand

Vai Jūs esat brīvs?
wai juuß äßat briiwß
FW Sie sind frei(m)
Sind Sie frei?

Uz kurieni?
us kuriäni
wohin
Wohin?

Lūdzu, uz staciju.
luudsu us ßtaziju
bitte, zu Bahnhof[4]
Zum Bahnhof, bitte.

Lūdzu pieturiet.
luudsu piäturiät
(ich)bitte (Sie)anhalten!
Bitte halten Sie an.

Mazliet pagaidiet!
masliät pagaidiät
ein-wenig warten(-Sie)!
Warten Sie ein wenig!

Cik maksā?
zik makßaa
wie-viel (es)kostet
Wie viel kostet es?

... mit dem Zug

Zug	**vilciens**①	wilziänß
Nahverkehrszug	**piepilsētas vilciens**①	piäpilßäätaß wilziänß
Schnellzug	**ātrvilciens**①	aatrwilziänß
Speisewagen	**restorānvagons**①	räßtoraanwagonß
Schlafwagen	**guļamvagons**①	guljamwagonß
Bahnsteig	**perons**①	päronß
Gleis	**ceļš**①	zäljsch
Bahnfahrplan	**vilcienu saraksts**①	wilziänu ßarakßtß
Ankunft	**pienākšana**⑤	piänaakschana
Abfahrt	**atiešana**⑤	atiäschana
Auskunft	**informācija**⑤	informaazija
Fahrkartenschalter	**biļešu kase**⑥	biljäschu kaßä

Fahrkartenvorverkauf **biļešu iepriekšpārdošana**⑥
biljäschu iäpriäkschpaardoschana

einfache Fahrt **biļete vienam braucienam**⑥
biljätä wiänam brauziänam

Hin- & Rückfahrkarte **biļete braucienam turp un atpakaļ**⑥
biljätä brauziänam turp un atpakalj

Gepäck/ Gepäckaufbewahrung **bagāža**⑤**/bagāžas glabātava**⑤
bagaasha/bagaashaß glabaatawa

Lūdzu, vienu biļeti uz Rīgu. Turp un atpakaļ.
luudsu wiänu biljäti us riigu turp un atpakalj
(ich)bitte eine[4] Fahrkarte[4] nach Riga[4] hin und zurück
Bitte einmal nach Riga. Hin und zurück.

No kura ceļa/perona atiet vilciens?
nuo kura zälja/pärona atiät wilziänß
ab welchem[2] Gleis[2]/Bahnsteig[2] (er)abfährt Zug
Von welchem Gleis fährt der Zug ab?

Kad vilciens pienāk Liepājā?
kad wilziänß piänaak liäpaajaa
wann Zug (er)ankommt Libau[5]
Wann kommt der Zug in Libau an?

Vai tas ir vilciens uz ...?
wai taß ir wilziänß us
FW das ist Zug nach... [4. Fall!]
Ist das der Zug nach ...?

Vai vilciens uz ... kavējas?
wai wilziänß us ... kawääjaß
FW Zug nach ...[4. Fall!] *verspätet-sich*
Hat der Zug nach ... Verspätung?

Vai vilciens stāv ... stacijā?
wai wilziänß ßtaaw ... ßtazijaa
FW Zug steht ...[2. Fall!] *Bahnhof*[5]
Hat der Zug Aufenthalt?

Cik ilgi ilgst ceļojums uz ...
zik ilgi ilgßt zäljuojumß us
wie lange(Umst.) dauert Reise nach ...[4. Fall!]
Wie lange dauert die Reise nach ...?

Vai te ir vēl brīva vieta?
wai tä ir wääl briiwa wiäta
FW hier ist noch freier Platz
Ist hier noch ein Platz frei?

Šī vieta ir aizņemta.
schi wiäta ir aisnjämta
dieser Platz ist besetzt
Dieser Platz ist besetzt.

Vai es drīkstu/varu atvērt durvis?
wai äß driikßtu/waru atwäärt durwiß
FW ich darf/kann öffnen Tür
Darf/kann ich die Tür öffnen?

Vai es drīkstu aizvērt logu?
wai äß driikßtu aiswäärt luogu
FW ich darf schließen Fenster[4]
Darf ich das Fenster schließen?

... mit dem Auto

Das Straßennetz entspricht zwar nicht dem unserem Standard, ist aber im Vergleich zu Russland ganz gut.

luksofors⑤	lukßoufuorß	Ampel
ietve⑥	iätwä	Bürgersteig
lauku ceļš①	lauku zäljsch	Feldweg
robeža⑤	ruobäsha	Grenze
karte⑥	kartä	Karte
krustojums①	krußtuojumß	Kreuzung
līkums①	liikumß	Kurve
ceļš①	zäljsch	Landstraße
iela⑤	iäla	Straße
pilsētas plāns①	pilßäätaß plaanß	Stadtplan
nogriezties①	nuogriästiäß	abbiegen
pieturēt②	piäturäät	anhalten
braukt①	braukt	fahren
braukt tālāk	braukt taalaak	weiterfahren
braukt atpaka	braukt atpaka	zurückfahren
novietot③ **(automašīnu)**	nuowiätuot (automaschiinu)	parken

Vai Jūs, lūdzu, man nepateiktu, kā nokļūt uz ...?
wai juuß luudsu man näpatäiktu kaa noukljuut us
FW Sie (ich)bitte mir[3] nicht-(Sie)würden-sagen wie gelangen zu/nach ...
Können Sie mir sagen, wie ich nach ... komme?

uz staciju	us ßtaziju	zum Bahnhof
uz viesnīcu	us wiäßniizu	zum Hotel
uz lidostu	us liduoßtu	zum Flughafen
uz centru	us zäntru	ins Zentrum

Es esmu apmaldījies/apmaldījusies.
äß äßmu apmaldiijiäß/apmaldiijußiäß
ich bin verfahren(m/w)
Ich habe mich verfahren (oder: verlaufen).

Brauciet tālāk / atpakaļ / pa labi / pa kreisi!
brauziät taalaak / atpakalj / pa labi / pa kräißi
Fahren Sie weiter / zurück / nach rechts / nach links!

Tankstelle

Die Tankstellen sind mittlerweile wie bei uns fast alle SB-Tankstellen.

benzīns①	bänsinß	*Benzin*
gaisa spiediens①	gaißa ßpiädiänß	*Luftdruck*
destilāts ūdens③	däßtilaatß uudänß	*destilliertes Wasser*
transportkanna⑤	tranßpuortkanna	*Kanister*
motoreļļa⑤	motorällja	*Motoröl*
dīzeļdegviela⑤	diisälj dägwiäla	*Dieselöl*
uzņemt① **degvielu**	usnjämt dägwiälu	*tanken*

Kur ir tuvākā degvielas uzpildes stacija/ pildītava?
kur ir tuwaakaa dägwiälaß uspildäß ßtazija/pildiitawa
wo ist nächste-die Treibstoff[2] Abfüll[2] Station/ Tankstelle
Wo ist die nächste Tankstelle?

Lūdzu, divdesmit litrus!
luudsu diwdäßmit litruß
(ich)bitte, zwanzig Liter
Bitte, 20 Liter!

Lūdzu, pilnu bāku.
luudsu pilnu baaku
(ich)bitte, vollen[4] Tank[4]
Bitte volltanken!

Lūdzu, benzīnu par septiņiem latiem.
luudsu bänsiinu par ßäptinjiäm latiäm
(ich)bitte, Benzin[4] für sieben[3] Lats[3]
Bitte, Benzin für sieben Lats.

Panne

Kur ir tuvākā darbnīca/garāža?
kur ir tuwaakaa darbniiza/garaasha
wo ist nächste-die Werkstatt/Werkstatt
Wo ist die nächste Werkstatt?

Motors nav kārtībā.
motorß nau kaartiibaa
Motor nicht-ist Ordnung[5]
Der Motor ist nicht in Ordnung.

Man pārplīsa riepa.
man paarpliißa riäpa
mir[3] zerplatzte Reifen
Ich habe eine Reifenpanne.

Vai Jūs to varat saremontēt?
wai juuß tuo warat ßarämontäät
FW Sie das[4] können ausbessern
Können Sie das reparieren?

Vai Jūs var tu mani aizvilkt līdz nākošai darbnīcai?
wai juuß war tu mani aiswilkt liids naakoschai darbniizai
FW Sie könnten mich[4] abschleppen bis nächste[3] Werkstatt[3]
Können Sie mich bis zur nächsten Werkstatt abschleppen?

Vai Jums ir oriģinālās rezerves daļas?
wai jumß ir oridjinaalaaß räsärwäß daljaß
FW Ihr[3] sind originale Ersatz[2] Teile
Haben Sie Original-Ersatzteile?

avārijas dienests
auaarijaß diänäßtß
Havarie[2] Dienst
Abschleppdienst

Cik ilgi ies remonts?
zik ilgi iäß rämontß
wie-viel lange(Umst.) wird-gehen Reparatur
Wie lange wird die Reparatur dauern?

izplūde⑥; **baterija**⑤	ispluudä; batärija	*Auspuff; Batterie*
gaismas signālierīce⑥	gaißmaß ßignaaliäriizä	*Blinker*
bremze⑥	brämsä	*Bremse*
bremžu šķidrums①	brämshu schkjidrumß	*Bremsflüssigkeit*
rezerves daļas⑤Mz	räsärwäß daljaß	*Ersatzteile*
ātrums①	aatrumß	*Gang*
paātrinātājs①	paaatrinaataajß	*Gaspedal*
pārvadmehēnisms①	paarwadmähäänißmß	*Getriebe*
kabelis②; **dzesētājs**①	kabäliß; dsäßäätaajß	*Kabel; Kühler*

Kupplung; Lampe	**sajūgs**①; **lampa**⑤	ßajguuß; lampa
Lenkung; Schraubenmutter	**stūre**⑥; **uzgrieznis**②	ßtuurä; usgriäsniß
Reifen; Scheibenwischer	**riepa**⑤; **stikla tīrītājs**①	riäpa; ßtikla tiiriitaajß
Scheinwerfer; Schlauch	**starmetis**②; **kamera**⑤	ßtarmätiß; kamära
Schraube; Schraubendreher	**skrūve**⑥; **skrūvgriezis**②	ßkruuwä; ßkruuwgriäsiß
Sicherung	**aizturis**② / **drošinātājs**①	aisturiß/droschinaataajß
Stoßdämpfer; Tank	**amortizātors**①; **bāka**⑤	amortisaatorß; baaka
Ventil	**ventilis**② / **vārstulis**②	wäntiliß/waarßtuliß
Ventilator	**ventilātors**①	wäntilaatuorß
Vergaser	**karburātors**①	karburaatuorß
Wagenheber	**domkrats**①	duomkratß
Zündkerze	**aizdedzes svece**⑥	aisdädsäß ßwäzä
Zündung	**aizdedze**⑥	aisdädsä

Hinweisschilder

atvērts; slēgts offen; geschlossen

ieeja⑤; **izeja**⑤; **pāreja**⑤
Eingang; Ausgang; Durchgang

pusdienas pārtraukums①
Mittagspause *(Mittag[2] Pause)*

atrasto mantu glabātuve⑥ Fundbüro
(die-gefundenen[2] Sachen[2] Aufbewahrung)

Automašīnām stāvēt aizliegts!
Parken verboten *(Autos[3] stehen verboten)*

Dzīvības briesmas!
Lebensgefahr *(Leben[2] Gefahr)*

Nikns suns! Bissiger Hund! *(böser Hund)*

Uzmanību, krāsots! Vorsicht, frisch gestrichen! *(Vorsicht[4] gestrichen)*

avārijas bremze⑥
Notbremse *(Panne[2] Bremse)*

papildizeja⑤ Notausgang

... mit dem Schiff

piestātne[6]; klājs[1]	piäßtaatnä; klaajß	*Anlegeplatz; Deck*
osta[5]; kabīne[6]	uoßta; kabiinä	*Hafen; Kabine*
kreisēšana[5]; bāka[5]	kräißääschana; baaka	*Kreuzfahrt; Leuchtturm*
glābšanas riņķis[2]	glaabschanaß rinjkjiß	*Rettungsring*
glābšanas veste[6]	glabschanaß wäßtä	*Schwimmweste*

Kad aties kuģis uz ...?
kad atiäß kudjiß us
wann (es)wird-gehen Schiff zu/nach ...[4. Fall!]
Wann fährt das Schiff nach ...?

Es gibt regelmäßige Schiffsverbindungen nach Riga von Kiel, Bremerhaven und anderen deutschen Häfen.

Es gribētu braukt ar kuģi.
äß gribäätu braukt ar kudji
ich würde-wollen fahren mit Schiff[4]
Ich möchte mit dem Schiff fahren.

Cik ilgi ilgst brauciens?
zik ilgi ilgßt brauziänß
wie-viel lange (sie)dauert Überfahrt
Wie lange dauert die Überfahrt?

No kurienes atiet kuģis uz ...?
nuo kuriänäß atiät kudjiß us
woher geht Schiff nach ...[4. Fall!]
Wo fährt das Schiff nach ... ab?

... mit dem Flugzeug

Auf dem Flughafen in Riga spricht das Personal sehr gut Englisch, so dass man dort kaum Verständigungsschwierigkeiten haben dürfte.

No kurienes atiet autobuss uz lidostu?
nuo kuriänß atiät autuobuß us liduoßtu
woher geht Bus zu/nach Flughafen[4]
Wo fährt der Bus zum Flughafen ab?

Übernachtung im Hotel

In Lettland gibt es Hotels, Pensionen, Campingplätze (kempings kämpingß) und auch Privatzimmer in allen Preislagen.

Hotel	**viesnīca**⑤	wiäßniiza
Zimmer	**istaba**⑤**; numurs**①	ißtaba; numurß
Bett; Bettwäsche	**gulta**⑤**; gultas veļa**⑤	gulta; gultaß wälja
Toilette	**tualete**⑥	tualätä
Badezimmer	**vannas istaba**⑤	wannaß ißtaba
Dusche; Warmwasser	**duša**⑤**; silts ūdens**③	duscha; ßiltß uudänß
Kaltwasser	**auksts ūdens**③	auktß uudänß
Erdgeschoss (1. Stock)	**pirmais stāvs**①	pirmaiß ßtawß
erster Stock (2. Stock); Lift	**otrais stāvs**①**; lifts**①	otraiß ßtawß; liftß

Kur es varētu pārnakšāņot?
kur äß waräätu paarnakschaanjuot
wo ich könnte übernachten
Wo könnte ich übernachten?

Vai Jums ir brīvas istabas?
wai jumß ir briiwaß ißtabaß
FW Ihr[3] *seid freie Zimmer*
Haben Sie freie Zimmer?

Man te ir pasūtīta istaba.
man tä ir paßuutiita ißtaba
mir[3] hier ist vorbestellt Zimmer
Für mich ist hier ein Zimmer vorbestellt.

Cik ilgi Jūs paliksit viesnīcā?
zik ilgi juuß palikßit wiäßniizaa
wie lange Sie werden-bleiben Hotel[5]
Wie lange werden Sie bleiben?

Es palikšu nedēļu.
äß palikschu nädäälju
ich werde-bleiben Woche[4]
Ich werde eine Woche bleiben.

Es viesnīcā palikšu apmēram desmit dienu.
äß wiäßniizaa palikschu apmääram däßmit diänu
ich Hotel[5] werde-bleiben ungefähr zehn Tage[2]
Ich werde im Hotel ungefähr 10 Tage bleiben.

Man vajadzīgs divvietīgs numurs.
man wajadsiigß diiwiätiigß numurß
mir[3] nötig doppeltes Zimmer
Ich brauche ein Doppelzimmer.

Cik maksā šī istaba / šis numurs diennaktī?
zik makßaa schi ißtaba / schiß numurß diänaktii
wie-viel (es)kostet dieses Zimmer / dieses Zimmer Tag-Nacht[5]
Was kostet dieses Zimmer pro Tag?

Es gribētu citu istabu.
äß gribäätu zitu ißtaba
ich würde-wollen anderes[4] Zimmer[4]
Ich möchte ein anderes Zimmer haben.

Trūkst ...
trukßt
Es fehlt / fehlen ...

... nefunkcionē.
näfunkzionää
... funktioniert nicht.

Decke; Fernseher	**sega**[5]**; televīzors**[1]	ßäga; täläwiisorß
Handtuch; Kissen	**dvielis**[2]**; spilvens**[1]	dwiäliß; ßpilwänß
Laken; Radio	**palags**[1]**; radio**	palagß; radio
Schlüssel; Wolldecke	**atslēga**[5]**; vilnas sega**[5]	atßlääga; wilaß ßäga
Zentralheizung	**centrālapkure**[6]	zentraalapkurä

Lūdzu, uzmodiniet mani sešos no rīta!
luudsu usmuodiniät mani ßäschoß nuo riita
(ich)bitte, wecken-(Sie)! mich[4] *um sechs*[(w,Mz)5] *von Morgen*[2]
Wecken Sie mich bitte morgen früh um sechs!

Es aizbraukšu rīt.
äß aisbraukschu riit
ich werde-abreisen morgen
Ich reise morgen ab.

Kad man jāmaksā rēķins?
kad man jaamakßaa rääkjinß
wann mir[3] muss-zahlen Rechnung[1]
Wann muss ich bezahlen?

Zu Gast sein

Wird man in Lettland eingeladen, ist es angebracht, eine kleine Aufmerksamkeit mitzubringen (Blumen, Alkohol, Kaffee, Tee, Schokolade für die Kinder, etc.).

Vai Jūs gribētu mūs apciemot?
wai juuß gribäätu muuß apziämuot
FW Sie würden-wollen uns[4] besuchen
Möchten Sie uns besuchen?

Vai es drīkstētu Jūs apciemot?
wai äß driikßtäätu juuß apziämuot
FW ich würde-dürfen Sie[4] besuchen
Dürfte ich Sie besuchen?

Paldies, labprāt!
paldiäß labpraat
danke, gerne
Danke, gerne!

Paldies, bet es nevaru atnākt.
paldiäß bät äß näwaru atnaakt
danke, aber ich nicht-kann kommen
Vielen Dank, aber ich kann leider nicht.

Viele lettische Familien, die in der Stadt leben, verfügen über Garten- oder Strandhäuser, in denen man bei Gelegenheit sehr gut übernachten kann.

Vai Jūs gribētu palikt pa nakti?
wai juuß gribäätu palikt pa nakti
FW Sie würden-wollen bleiben durch Nacht[4]
Möchten Sie über Nacht bleiben?

Paldies par ielūgumu.
paldiäß par iäluugumu
danke für Einladung[4]
Vielen Dank für Ihre Einladung.

Pie Jums bija ļoti jauki.
piä jumß bija ljoti jauki
bei Ihnen[3] *(es)war sehr nett*
Es war sehr schön bei Ihnen.

Familie, Verwandtschaft

Großmutter	**vecā māte**⑥	wäzaa maatä
Großvater	**vecais tēvs**①	wäzaiß tääwß
Eltern	**vecāki**①Mz	wäzaaki
Kind	**bērns**①	bäärnß
Mutter; Vater	**māte**⑥; **tēvs**①	maatä; tääwß
Tante; Onkel	**tante**⑥; **onkulis**②	tantä; onkuliß
Schwägerin; Schwager	**svaine**⑥; **svainis**②	ßwainä; ßwainiß
Ehefrau; Ehemann	**sieva**⑤; **vīrs**①	ßiäwa; wiirß
Schwester; Bruder	**māsa**⑤; **brālis**②	maaßa; braaliß
Tochter; Sohn	**meita**⑤; **dēls**①	mäita; däälß
Nichte (von Bruder)	**brāļa meita**⑤	braalja mäita
Neffe (von Bruder)	**brāļa dēls**①	braalja däälß
Nichte (von Schwester)	**māsas meita**⑤	maaßaß mäita
Neffe (von Schwester)	**māsas dēls**①	maaßaß däälß
Enkelin	**mazmeita**⑤	masmäita
Enkel	**mazdēls**①	masdäälß

Auf dem Lande

In einer Notlage und auch sonst kann man auf die Gastfreundschaft der Landbevölkerung zählen und einen Bauernhof aufsuchen.

Vai es drīkstu šeit pārnakšņot?
wai äß driikßtu schäit paarnakschnjot
FW ich darf hier übernachten
Darf ich hier übernachten?

Bauernhof:
lauku māja lauku maaja
oder saimniecība ßaim-niäzieba

Jūs varat šeit gulēt.
juuß warat schäit guläät
Sie können hier schlafen
Sie können hier schlafen.

lauks[1]; zemnieks[1]	laukß; sämniäkß	*Acker; Bauer*
zemniece[6]; koks[1]	sämniäzä; kokß	*Bäuerin; Baum/Holz*
dobe[6]; kalns[1]	duobä; kalnß	*Beet; Berg*
rajons[1]; puķe[6]	rajuonß; pukjä	*Bezirk; Blume*
tilts[1]; aka[5]	tiltß; aka	*Brücke; Brunnen*
ciems[1]; spainis[2]	ziämß; ßpainiß	*Dorf; Eimer*
lauks[1]; upe[6]	laukß; upä	*Feld; Fluss*
siens[1]	ßiänß	*Heu*
siena dakšas[5]Mz	ßiäna dakschaß	*Heugabel*
pakalns[1]	pakalnß	*Hügel*
kājceliļš[1]	kaajzäliljsch	*Pfad*
avots[1]; šķūnis[2]	awotß; schkjuuniß	*Quelle; Schuppen*
ezers[1]; klēts[1]	äsärß; kläätß	*See; Speicher*
kūts[1]; krūms	kuutß; kruumß	*Stall; Strauch*
ieleja[5]; rati[1]Mz	iäläja; rati	*Tal; Wagen*
mežs[1]; pļava[5]	mäshß; pljawa	*Wald; Wiese*

	Bäume	
Ahorn; Birke	**kļava**⑤**; bērzs**①	kljawa; bäärsß
Eiche; Erle	**ozols**①**; alksnis**②	uosuolß; alkßniß
Esche; Espe	**osis**②**; apse**⑥	uoßiß; apßä
Fichte; Kiefer	**egle**⑥**; priede**⑥	äglä; priädä
Linde; Ulme	**liepa**⑤**; vīksna**⑤	liäpa; wiikßna

	Tiere	
Bär; Ente	**lācis**②**; pīle**⑥	laaziß; piilä
Fuschs; Gans	**lapsa**⑤**; zoss**⑦	lapßa; soß
Hahn; Hase	**gailis**②**; zaķis**②	gailiß; sakjiß
Huhn; Kuh	**vista**⑤**; govs**⑦	wißta; gowß
Lamm; Ochse	**jērs**①**; vērsis**②	jäärß; wäärßiß
Pferd; Schaf	**zirgs**①**; aita**⑤	sirgß; aita
Schwein; Ziege	**cūka**⑤**; kaza**⑤	zuuka; kasa

Einkaufen

Stürzen Sie sich in den Einkaufsspaß und entdecken Sie die Läden in Rigas Innenstadt.

Ko Jūs vēlaties?
kuo kuuß wäälatiäß
was[4] Sie wünschen
Was wünschen Sie?

Vai varētu uzlaikot?
wai waräätu uslaikuot
FW (ich)könnte anprobieren
Könnte ich es anprobieren?

Cik tas maksā?
zik taß makßaa
wie-viel jenes (es)kostet
Wie viel kostet das?

Cik maksā ...?
zik makßaa
wie-viel kostet ...
Wie viel kostet ...?

Tas ir par dārgu.
taß ir par daargu
jenes ist über teuer^{4}
Das ist zu teuer.

Lūdzu, par diet man ko lētāku.
luudsu par diät man kuo läätaaku
(ich)bitte, zeigen Sie! mir^{3} *etwas*^{4} *billigeres*^{4}
Zeigen Sie mir bitte etwas Billigeres.

Tas man neder.
taß man nädär
jenes mir^{3} *nicht-passt*
Das passt nicht.

Vai Jums ir cits lielums?
wai jumß ir zitß liälumß
FW Ihr^{3} *ist andere Größe*
Haben Sie andere Größen?

Es to ņemšu.
äß tuo njämschu
ich es^{4} *werde-nehmen*
Ich nehme es.

Es to gribētu citā krāsā.
äß tuo gribäätu zitaa kraaßaa
ich es^{4} *würde-wollen andere*^{5} *Farbe*^{5}
Ich hätte es gern in einer anderen Farbe.

sekcija⑤	ßäkzija	*Abteilung*
antikvariāts①	antikwariaatß	*Antiquariat*
apģerbi① Mz	apdjärbi	*Bekleidung*
grāmatas⑤ Mz	graamataß	*Bücher*
grāmatu veikals①	graamatu wäikalß	*Buchhandlung*
elektropiederumi① Mz	äläktruopiädärumi	*Elektrowaren*
saimniecības preces⑥ Mz	ßaimniäziibaß präzäß	*Haushaltswaren*
universālveikals①	uniwärßaalwäikalß	*Kaufhaus*

Kunstgewerbe	**mākslas izstradajumi**①Mz	maakßlaß isßtradajumi
Kurzwaren	**galantērija**⑤	galantäärija
Lebensmittelgeschäft	**pārtikas veikals**①	paartikaß wäikalß
Parfümerieabteilung	**parfimērijas nodaļa**⑤	parfimäerijaß nodalja
Schallplatten	**skaņuplates**⑥Mz	ßkanjuplatäß
Schallplattenabteilung	**skaņuplašu sekcija**⑤	ßkanjuplaschu ßäkzija
Schmuck	**rotaslietas**⑤Mz	ruotaßliätaß
Schreibwarenabteilung	**kancelejas piederumi**①Mz	kanzäläjaß piädärumi
Schuhe	**apavi**①Mz	apawi
Selbstbedienungsladen	**pašapkalpošanās veikals**①	paschapkalposchanaaß
Spielwaren	**rotaļlietas**⑤Mz	ruotaljliätaß
Sportwaren	**sporta piederumi**①Mz	ßporta piädärumi
Stoffe	**audumi**①Mz	audumi
Uhren	**pulksteņi**②Mz	pulkßtänji

Lūdzu, iesaiņojiet!
luudsu iäßainjojiät
(ich)bitte, (Sie)einpacken!
Bitte packen Sie es ein!

Kur man jāmaksā?
kur man jaamaksßaa
wo mir[3] muss-bezahlen
Wo muss ich zahlen?

Kur, lūdzu, ir kase?
kur luudsu ir kaßä
wo, (ich)bitte, ist Kasse
Wo ist die Kasse?

Man nav sīknaudas.
man naw ßieknaudaß
mir[3] nicht-ist Kleingeld[2]
Ich habe kein Kleingeld.

kleine Einkaufsliste Lebensmittel

Apfel; Apfelsine	**ābols**①; **apelsīns**①	aabuolß; apälßiinß
Banane; Barsch	**banāns**①; **asaris**②	banaanß; aßariß
Birne; Brot	**bumbieris**②; **maize**⑥	bumbiäriß; maisä
Butter; Ei	**sviests**①; **ola**⑤	ßwiäßtß; uola
Essig; Fisch	**etiķis**②; **zivis**②Mz	ätikjiß; siwiß
Fleisch; Forelle	**gaļa**⑤; **forele**⑥	galja; forälä

saknes⑥Mz	ßaknäß	*Gemüse*
garšvielas⑤Mz	gaschwiälaß	*Gewürze*
gurķis②**; maltā gaļa**⑤	gurkjiß; maltaa galja	*Gurke; Hackfleisch*
līdaka⑤**; siļķe**⑥	liidaka; ßiljkje	*Hecht; Hering*
medus①**; karpa**⑤	mäduß; karpa	*Honig; Karpfen*
siers①**; kūka**⑤	ßiärß; kuuka	*Käse; Kuchen*
ķirbis②**; lasis**②	kjirbiß; laßiß	*Kürbis; Lachs*
arbūzs①**; piens**①	arbuusß; piänß	*Wassermelone; Milch*
augļi①Mz**; paprika**①Mz	augjli; paprika	*Obst; Paprika*
pipari①Mz**; plūme**⑥	pipari; pluumä	*Pfeffer; Pflaume*
biezpiens①	biäspiänß	*Quark*
(skābais) krējums①	(ßkaabaiß) krääjumß	*(saure) Sahne*
putukrējums①	putukrääjumß	*Schlagsahne*
sāls①**; šķiņķis**②	ßaalß; schkjinjkjiß	*Salz; Schinken*
sinepes⑥Mz	ßinäpäß	*Senf*
saldējums①	ßaldäjumß	*Speiseeis*
tomāts①**; vīnogas**⑤Mz	tomaatß; wiinuogaß	*Tomate; Weintrauben*
desa⑤**; citrons**①	däßa; zitruonß	*Wurst; Zitrone*
cukurs①**; sīpols**①	zukurß; ßiipuolß	*Zucker; Zwiebel*

Essen & Trinken

Erst einmal das Wichtigste auf einen Blick:

restorāns①**; ēdnīca**⑤	räßtoraanß; äädniiza	*Restaurant; SB-Restaurant*
kafejnīca⑤**; bārs**①	kafäjniiza; baarß	*Café; Bar*
ēst①**; dzert**①	ääßt; dsärt	*essen; trinken*
brokastis⑦Mz	brokaßtiß	*Frühstück*
pusdienas⑤Mz	pußdiänaß	*Mittagessen*
vakariņas⑤Mz	wakarinjaß	*Abendbrot*

im Restaurant

Statt „ich habe Hunger“ sagt man in Lettland:

Man gribas ēst.
man gribaß äänßt
mir[3] will-sich essen
Ich will essen.

Vai Jums ir brīvs galdiņš?
wai jumß ir briiwß galdinjß
FW Ihr[3] ist freies Tischlein
Haben Sie einen freien Tisch?

Šis galdiņš ir aizņemts.
schiß galdinjß ir aisnjämtß
dieses Tischlein ist besetzt
Dieser Tisch ist besetzt.

Lūdzu, galdiņu četrām personām.
luudsu galdinju tschätraam pärßuonaam
(ich)bitte, Tischlein[4] vier[3] Personen[3]
Einen Tisch für vier Personen, bitte.

Pasniedziet, lūdzu, ēdienu karti!
paßniädsiät luudsu äädiänu karti
reichen-Sie!, (ich)bitte, Speisen[2] Karte[4]
Geben Sie mir bitte die Speisekarte!

Vai tas ir gaļas ēdiens?
wai taß ir galjaß äädiänß
FW das ist Fleisch[2] Gericht
Ist das ein Fleischgericht?

Ko Jūs varētu man ieteikt?
kuo juuß waäätu man iätäikt
was[4] Sie (ihr)könntet mir[3] empfehlen
Was können Sie mir empfehlen?

Es esmu veģetārietis.
äß äßmu wädjätaariätiß
ich bin Vegetarier
Ich bin Vegetarier.

Man, lūdzu, zirņu zupu/soļanku.
man luudsu sirnju supu/ßoljanku
mir[3] (ich)bitte Erbsen[2] Suppe[4]/Soljanka[4]
Für mich Erbsensuppe/Soljanka, bitte.

Atnesiet, lūdzu, vienu porciju/divas porcijas...
atnäßiät luudsu wiänu puorziju/diwaß porzijaß
bringen-Sie! (ich)bitte eine[4] Portion[4]/ zwei[4] Portionen[4] ...[2. Fall]
Bringen Sie bitte eine/zwei Portion(en) ...

Labu ēstgribu! **Paldies Jums tāpat!**
labu ääßtgribu pladiäß jumß taapat
guten[4] Appetit[4] *danke Ihnen[3] ebenso*
Guten Appetit! Danke gleichfalls!

Ēdiens garšoja lieliski.
äädiänß garschoja liälißki
Essen schmeckte großartig
Das Essen hat sehr gut geschmeckt.

Lūdzu, rēķinu!
luudsu rääkjinu
(ich)bitte, Rechnung[4]
Die Rechnung, bitte!

lettische Spezialitäten

bäärsu ßula	**bērzu sula**⑤ Birkensaft mit Rosinen
biäspiänß	**biezpiens**② Quark
biäsputra	**biezputra**⑤ Brei
zuukaß galärtß	**cūkas galerts**① Schwein in Aspik
däbäß mannaa	**debess mannā** himmlischer Mannah (Nachspeise aus Weizenbrei)
kjießäliß	**ķīselis**② Beerengelee (überwiegend aus Moosbeeren)
klindjäriß	**klinģeris**② lettisches Gebäck, eine Art süße Brezel, besonders bei Geburtstagen beliebt
kompotß	**kompots**① Obstsaft mit Fruchtstücken
kwaß	**kvass**① eine Art Saft aus Roggenbrot oder Obst, Wasser, Hefe, Zucker oder Honig
maltaa galja	**maltā gaļa**⑤ Hackfleisch
wiltuotß sakjiß	**viltots zaķis**② falscher Hase
pieraagi	**pīrāgi**①Mz Piroggen (Teigtaschen)
ßkaabaa putra	**skābā putra**⑤ Graupenbrei
ßwaigu kaapuoßtu supa	**svaigu kāpostu zupa**⑤ Kohlsuppe
taukschkjääti sirnji	**taukšķēti zirņi**①Mz geröstete Erbsen
siwjupiäna supa	**zivjupiena zupa**⑤ Fischcremesuppe (mit Milch)

Getränke

minerālūdens③	minäraaluudänß	*Mineralwasser*
limonāde⑥**; kompots**①	limonaadä; kompotß	*Limonade; Fruchtsaft*
sula⑤**; bērzu sula**⑤	ßula; bäärsu ßula	*Saft; Birkensaft*
melna kafija⑤	mälna kafija	*schwarzer Kaffee*
kafija ar pienu/cukuru	kafija ar piänu/zukuru	*Kaffee mit Milch*
tēja⑤**; tēja ar citronu**	tääja; tääja ar zitronu	*Tee; Tee mit Zitrone*
alus④**; sarkanvīns**①	aluß; ßarkanwiinß	*Bier; Rotwein*
baltvīns①	baltwiinß	*Weißwein*

alkoholische Spezialitäten

Rīgas Melnais Balzāms „Rigaer Schwarzer Balsam", ein nach Geheimrezept gebrauter Kräuterlikör	riigaß mänais balsaamß
Allažu Ķimelis ein Kümmellikör	allashu kjimäliß
Kursa Beerenlikör	kurßa
Kristāldzidrais lettischer Wodka	krißtaaldsidraiß

Priekā!	priäkaa	Zum Wohl! *(Freude*⁵*)*

Bank, Post, Behörden

Die lettische Währung ist der lats. Ein Lats besteht aus 100 santīms.

banka⑤	banka	*Bank*
valūtas maiņas punkts①	waluutaß mainjaß punktß	*Geldwechselstelle*
lats①**; santīms**①	latß; ßantiimß	*lettische Währung*
valūtas kurss①	waluutaß kurß	*Wechselkurs*

Es gribētu mainīt naudu.
äß gribäätu mainiit naudu
ich würde-wollen umtauschen Geld[4]
Ich möchte Geld umtauschen.

Kādi tagad ir valūtas kursi?
kaadi tagad ir waluutaß kurßi
welche jetzt sind Devisen[2] *Kurse*
Wie sind jetzt die Devisenkurse?

Vai Jums ir sīknauda? Vai Jus to varat samainit?
wai jumß ir ßiiknauda wai juuß tuo warat samainiit
FW Ihnen[3] *ist Kleingeld FW Sie es können wechseln*
Haben Sie Kleingeld? Können Sie wechseln?

Post

Pasta nodaļa ir atvērta/slēgta.
paßta nuodalja ir atwäärta/ßläägta
Post[2] *Abteilung ist geöffnet / geschlossen*
Das Postamt ist geöffnet / geschlossen.

Postamt	**pasta nodaļa**⑤	paßta nuodalja
Briefkasten	**pastkastīte**⑥	paßtkaßtiitä
Absender	**nosūtītājs**①	nuoßuutiitaajß
Empfänger	**saņēmējs**①	ßanjäämääjß
Briefmarke	**pastmarka**⑤	paßtmarka
Briefumschlag	**aploksne**⑥	apluokßnä
Brief	**vēstule**⑥	wäßtulä
Postkarte	**atklātne**⑥	atklaatnä
Luftpost	**gaisa pasts**①	gaißa paßtß
Drucksache; Paket	**bandrole**⑥**; paka**⑤	bandruolä: paka
Porto	**pasta izdevumi**①Mz	paßta isdäwumi

Cik maksā atklātne uz Vāciju?
zik makßaa atklaatnä us waziju
wie-viel (sie)kostet Postkarte nach Deutschland[4]
Was kostet eine Postkarte nach Deutschland?

uz šveici	us schwäizi	in die Schweiz
uz Austriju	us außtriju	nach Österreich
uz Nīderlandi	us niidärlandi	in die Niederlande
uz Beļģiju	us bäljdjiju	nach Belgien

telefonieren

Auf dem Lande ist es auf der Post üblich, Auslandsgespräche anzumelden. Wenn die Verbindung hergestellt ist, wird man aufgerufen. In Riga gibt es vorwiegend Kartentelefone.

Auch für nicht zustande gekommene Gespräche wird eine Gebühr berechnet, z.B. wenn der angewählte Anschluss besetzt ist oder wenn am anderen Ende niemand den Hörer abhebt.

Kāds ir Vācijas kods?
kaadß ir waazijaß kodß
welcher ist Deutschland[2] *Code*
Wie lautet die Vorwahl für Deutschland?

Es gribētu pieteikt telefona sarunu uz Vāciju.
äß gribäätu piätäikt täläfona ßarunu us waaziju
ich würde-wollen anmelden Telefon[2] *Gespräch*[4] *nach Deutschland*[4]
Ich möchte gerne ein Telefongespräch nach Deutschland anmelden.

Šveices kods①	schwäizäß kuodß	*Vorwahl für CH*
Austrijas kods①	außtrijaß kuodß	*Vorwahl für A*
Nīderlandes kods①	niidärlandäß kuodß	*Vorwahl für NL*
Beļģijas kods①	beljdjijaß kuodß	*Vorwahl für B*

Cik ilgi būs jāgaida?
zik ilgi buuß jaagaida
wie lange wird-sein (man)muss-warten
Wie lange werde ich warten müssen?

Telefon	**telefons**①	täläfonß
Münztelefon	**telefona automāts**①	täläfona automatß
Telefonbuch	**abonentu saraksts**	abonäntu ßarakßtß
Vorwahlnummer	**kods**①	kodß
Telefonnummer	**telefona numurs**①	täläfuona numurß
Auskunft	**uzziņas**⑤Mz	ussinjaß
Gespräch	**saruna**⑤	ßaruna
anrufen	**piezvanīt**②	piäswaniit
telefonieren	**runāt pa telefonu**	runaat pa täläfonu

Kur te ir tuvākais telefona automāts?
kur tä ir tuwaakaiß täläfuna automaatß
wo hier ist nächster Telefon[2] Automat
Wo ist hier die nächste Telefonzelle?

Nepareizi savienots!
näparäisi ßawiänuotß
nicht-korrekt verbunden
Falsch verbunden!

Lūdzu!
luudsu
(ich)bitte
Hallo!

Ar ko es runāju?
ar kuo äß runaaju
mit wem[4] ich spreche
Mit wem spreche ich?

Te runā ...
tä runaa
hier spricht
Hier spricht ...

Es gribētu runāt ar ... kungu/kundzi.
äß gribäätu runaat ar ... kungu/kundsi
ich würde-wollen sprechen mit ...[2.Fall] Herrn/Frau
Ich möchte mit Herrn / Frau ... sprechen.

Polizei

Izsauciet, lūdzu, policiju!
iisßauziät luudsu poliziju
ruft! bitte Polizei[4]
Rufen Sie die Polizei!

Man nozuda naudas maks.
man nuosuda naudaß makß
mir[3] *(sie)verschwand Geld*[2] *Börse*
Mein Portmonnee ist weg.

Man nozuda dokumenti.
man nuosuda dokumänti
mir[3] *verschwanden Ausweispapiere*
Meine Ausweispapiere sind weg.

Man nozaga mašīnas atslēgas.
man nuosaga maschiinaß atßläägaß
mir[3] *(man)stahl Auto*[2] *Schlüssel*[4]
Man stahl mir die Autoschlüssel.

ausfüllen von Formularen

Lūdzu, izpildiet šo veidlapu!
luudsu ispildiät schuo wäidlapu
(ich)bitte Sie-ausfüllen! dieses[4] *Formular*[4]
Bitte, füllen Sie dieses Formular aus.

Lūdzu, palīdziet man izpildīt veidlapu.
luudsu paliidsiät man ispildiit wäidlapu
(ich)bitte Sie-helfen! mir[3] *ausfüllen Formular*[4]
Bitte helfen Sie mir beim Ausfüllen.

Adresse; Erlaubnis	**adrese**[6]**; atļauja**[5]	adräßä; atljauja
Arbeitsstelle	**darba vieta**[5]	darba wiäta
Datum	**datums**[1]	datumß
Urkunde	**dokuments**[1]	dokumäntß
Geburtstag	**dzimšanas diena**[5]	dsimschanaß diäna
Geburtstagsmonat	**dzimšanas mēnesis**[2]	dsimschanaß määnäßiß
Geburtsjahr	**dzimšanas gads**[1]	dsimschanaß gadß
Geburtsort	**dzimšanas vieta**[5]	dsimschanaß wiäta
Wohnort	**dzīves vieta**[5]	dsiiwäß wiäta
Familienstand	**ģimenes stāvoklis**[2]	djimänäß ßtaawuokliß
Straße; Ausbildung	**iela**[5]**; izglītība**[5]	iäla; isgliitiiba
Geburtsname	**meitas vārds**[1]	mäitaß waardß
Unterschrift; Pass	**paraksts**[1]**; pase**[6]	parakßtß; paßä
Staatsbürgerschaft	**pavalstniecība**[5]	pawalßtniäziiba
Ausweis	**personu dokumenti**[1 Mz]	pärßonu dokumänti
Beruf; Nationalität	**profesija**[5]**; tautība**[5]	profäßija; tautiiba
Nachname; Vorname	**uzvārds**[1]**; vārds**[1]	uswaardß; waardß
Formular; Land	**veidlapa**[5]**; zeme**[6]	wäidlapa; sämä

Fotografieren

Filmmaterial ist im Baltikum sehr teuer und sollte deshalb von zu Hause mitgenommen werden. Militärische Einrichtungen sollte man nicht fotografieren.

fotoaparāts[1]	fotoaparaatß	Fotoapparat
filma[5]	filma	Film
diapozitīvs[1]	diapositiiwß	Dia
krāsainā filma[5]	kraaßaiņaa filma	Farbfilm

negatīvs①	nägatiiwß	Negativ
melnbalts	mälnbaltß	schwarz-weiß
attīstīt②	attiißtiit	entwickeln
fotografēt③	fotografäät	fotografieren
filmēt③	filmäät	filmen

Vai es drikstu Jūs nofotografet?
wai äß driikßtu juuß nuofotografäät
FW ich darf Sie[4] fotografieren
Darf ich Sie fotografieren?

Vai es šeit drikstu fotografet?
wai äß schait driikßtu fotografäät
FW ich hier darf fotografieren
Darf ich hier fotografieren?

Es sūtīšu tev/jums kopijas/fotogrāfijas.
äß ßuutiischu täu/jumß kopijaß/fotograafijaß
ich werde-schicken dir[3]/euch[3] Kopien[4]/Fotografien[4]
Ich werde dir/euch/Ihnen Abzüge/Fotos schicken.

Rauchen

Für die Raucher unter Ihnen, aber auch wenn man Sie fragen sollte.

Vai šeit ir atļauts smēķēt?
wai schait ir atljautß ßmääkjäät
FW hier ist erlaubt rauchen
Ist Rauchen hier erlaubt?

Vai Jums ir sērkociņi?
wai kumß ir ßäärkuozinji
FW Ihnen[3] sind Streichhölzer
Haben Sie Streichhölzer?

Vienu paciņu cigarešu, lūdzu.
wiänu pazinju zigaräschu luudsu
eine[4] Packung[4] Zigaretten[2] (ich)bitte
Eine Packung Zigaretten, bitte.

Smēķēt aizliegts!
ßmääkjäät aisliägtß
rauchen verboten
Rauchen verboten!

Pasniedziet, lūdzu, pelnutrauku.
paßniädsiät luudsu pälnutrauku
Sie-reichen! (ich)bitte Aschenbecher[4]
Reichen Sie mir bitte den Aschenbecher.

Krank sein

Medizinische Hilfe (medicīniskā palīdzība mädiziinißkaa paliidsiiba) bekommt man in dringenden Fällen über den Notruf 03. Ansonsten sind auch die Polikliniken zu empfehlen. Es gibt mittlerweile außer „normalen" auch noch sogenannte „deutsche" Apotheken, in denen Arzneimittel aus Deutschland erhältlich sind.

beim Arzt

slimnīca⑤	ßlimniiza	*Krankenhaus*
ārsta kabinets①	aarßta kabinätß	*Arztpraxis*
ārsts①; **ārste**⑥	aarßtß; aarßtä	*Arzt/Ärztin*
uzgaidāmā telpa⑤	usgaidaamaa tälpa	*Wartezimmer*

Man jāiet pie ārsta.
man jaajiät piä aarßta
mir[3] muss-gehen bei Arzt[2]
Ich muss zum Arzt gehen.

Kad ārsts pieņem?
kad aarßtß piänjäm
wann Arzt (er)empfängt
Wann hat der Arzt Sprechstunde?

Lūdzu sauciet ātro palīdzību.
luudsu ßauziät aatro paliidsiibu
bitte Sie-rufen! schnelle[4] Hilfe[4]
Bitte rufen Sie den Notarzt!

Es esmu slims/slima.
äß äßmu ßlimß/ßlima
ich bin krank(m/w)
Ich bin krank.

Man sāp ...
man ßaap
mir[3] schmerzt
Mir tut/tun ... weh.

roka⑤; **acs**⑦; **vēders**①	ruoka; azß; wäädärß	*Arm/Hand; Auge; Bauch*
kāja⑤; **pūslis**②	kaaja; puußliß	*Bein/Fuß; Blase*
kakls①; **sirds**⑦; **galva**⑤	kaklß; ßirdß; galwa	*Hals; Herz; Kopf*
kuņģis②; **niere**⑥	kunjdjiß; niärä	*Magen; Nieren*
ausis⑦Mz; **mugura**⑤	außiß; mugura	*Ohren; Rücken*
plecs①; **zobs**①	pläzß; sobß	*Schulter; Zahn*

Es esmu saaukstējies/saaukstējusies.
äß äßmu ßaaukßtääjiäß/ßaaukßtääjußiäß
ich bin erkältet(m/w)
Ich bin erkältet.

Es esmu aizsmacis/aizsmakusi.
äß äßmu aisßmazíß/aisßmakußi
ich bin heiser(m/w)
Ich bin heiser.

Es esmu stāvoklī.
äß äßmu ßtaawuoklii
ich bin Zustand[5]
Ich bin schwanger.

Man/Jums ir ...
man/jumß ir
mir[3]*/Ihnen*[3] *ist*
Ich habe / Sie haben ...

AIDS; Allergie	**AIDS; alerģija**⑤	äidß; alärgjia
Asthma; Blähungen	**astma**⑤**; uzpūšanās**	aßtma; uspuuschanaaß
Diabetes	**cukurslimība**⑤	zukurßlimiiba
Durchfall; Entzündung	**caureja**⑤**; iekaisums**①	zauräja; iäkaißumß
Fieber; Grippe	**drudzis**②**; gripa**⑤	drudsiß; gripa
Herzschmerzen	**sirdssāpes**⑦Mz**; klepus**④	ßirdßaapäß
Husten; Kopfschmerzen	**klepus**④**; galvassāpes**⑥Mz	kläpuß; galwaßaapäß
Schnupfen; Übelkeit	**iesnas**⑤Mz**; nelabums**①	iäßnaß; nälabumß
Verstopfung	**vēdera aizciet jums**①	wäädära aisziät jumß
Zahnschmerzen	**zobu sāpes**⑥Mz	suobu ßaapäß

Man vajag detalizētu kvīti slimības apdrošināšanai.
man wajag detalisäätu kwiiti ßlimiibaß apdroschinaaschanai
mir[3] *braucht detaillierte*[4] *Quittung*[4] *Krankheit*[2] *Versicherung*[3]
Ich brauche eine ausführliche Quittung für die Krankenversicherung.

beim Zahnarzt

zobārsts①	suobaarßtß	Zahnarzt
plombe⑥	plombä	Füllung (Zahn)
kronītis②	kroniitiß	Krone
zobakmens③	suobakmänß	Zahnstein

Lūdzu, aizplombējiet zobu, neraujiet!
luudsu aisplombääjiät suobu näraujiät
(ich)bitte Sie-plombieren! Zahn[4] nicht-ziehen-Sie!
Den Zahn bitte plombieren, nicht ziehen!

in der Apotheke

aptieka⑤; **zāles**⑥	aptiäka; saaläß	*Apotheke; Medikament*
saite⑥	ßaitä	*Verband*
higiēniskā saite⑥	higiänßkaa ßaitä	*Damenbinde*
termometrs①	tärmomätrß	*Fieberthermometer*
leikoplasts①	läikoplaßtß	*Heftpflaster*
plāksteris②	plaakßtäriß	*Heftpflaster*
marle⑥	marlä	*Mull/Gaze*
ziede⑥; **tablete**⑥	siädä; tablätä	*Salbe; Tablette*
pilieni①Mz; **vate**⑥	piliäni; watä	*Tropfen; Watte*
autiņš①	autinjsch	*Windel*
svecīte⑥	ßwätiitä	*Zäpfchen*
dzeršanai⑤	dsärschanai	*zum Einnehmen*
ierīvēšanai⑤	iäriiwääschanai	*zum Einreiben*
bērniem	bäärniäm	*für Kinder*

Dodiet man, lūdzu, kaut ko pret ...
duodiät man luudsu kaut kuo prät
Sie-geben! mir[3] (ich)bitte irgend etwas gegen ...[4. Fall!]
Bitte geben Sie mir etwas gegen ...

Kā šīs zāles jālieto?
kaa schiiß saaläß jaaliätuo
wie dieses Medikament (man)muss-anwenden
Wie muss man dieses Medikament einnehmen?

Cikreiz dienā tās jālieto?
zikräis diänaa taaß jaaliätuo
wie-viel-Mal Tag[5] diese(Mz)[4] (man)muss-anwenden
Wie oft muss man es einnehmen?

pēc/pirms ēšanas
pääz/pirmß ääschanaß
nach/vor Essen[2]
nach/vor dem Essen

vienreiz/divreiz/trīsreiz dienā
wiänäis/diwräis/triißräis diänaa
einmal/zweimal/dreimal Tag[5]
einmal/zweimal/dreimal am Tag

Toilette & Co.

Öffentliche Toiletten sind in Lettland oft gebührenpflichtig, aber auch sauberer.

S (sievietēm)	ßiäwiätääm	für Damen
V (vīriešiem)	wiiriäschiäm	für Herren
nodoklis②	nuoduokliß	Gebühr
brīvs	briiwß	frei

aizņemts	aisnjämtß	besetzt
ziepes⑥Mz	siäpäß	Seife
dvielis ②	dwiäliß	Handtuch

Kur ir tualete, lūdzu?
kur ir tualätä luudsu
wo ist Toilette (ich)bitte
Wo ist die Toilette, bitte?

Schimpfen & Fluchen

In diesem Kapitel wird nur eine Auswahl gebräuchlicher Fluch- und Schimpfwörter leichteren Kalibers geboten. Auf alles andere sollte man als Tourist lieber verzichten!

Pie velna!
piä wälna
zu Teufel[2]
Zum Teufel!

Muļķības!
muljkjiibaß
Unsinn[2]
Quatsch!

Vācies!
waaziäß
abhau!
Hau ab!

Turi muti!
turi muti
halt! Klappe
Halt die Klappe!

Vai tu esi jucis/jukusi?
wai tu äß juziß/jukußi
FW du bist verrückt(m/w)
Bist du verrückt?

Tu esi stulbs/stulba!
tu äßi ßtulbß/ßtulba
du bist dumm(m/w)
Du bist dumm!

Liec mani mierā!
liäz mani miäraa
lass! mich[4] *Frieden*[5]
Lass mich in Frieden!

Literaturhinweise

Für alle, die den Wunsch haben Lettisch von Grund auf zu lernen, empfehle ich:

Lettisch Intensiv!, Aija Priedīte & Andreas Ludden, Bibliotheca Baltica, Postfach 530432, Hamburg 1992 – *ausgezeichnetes Lehrbuch mit sehr reichem Übungsmaterial, aktuellem Wortschatz und Lösungen, für Philologen ein Muss!*

A Grammar of Modern Latvian, T. Fennell & Gelsen, 3 Bände, Haag, 1980 – *Grammatik mit umfangreichem Übungsmaterial, für diejenigen, die es ganz ausführlich haben möchten*

Lettische Grammatik, J.H. Holst, Hamburg 2001 – *ausführliche, dennoch übersichtliche Darstellung der Grammatik*

Dialogs/Dialog – Latviešu valodas pamati, Arvils Šalme & Peters Udris, Riga 1994 – *ausführlicher Lehrgang für Russischsprachige mit Lehr- und Übungsbuch sowie Kassetten*

Latviešu valodas vārdnīca, D. Guļevska, R. Balina, u.a., Avots: Riga 1998 – *Wörterbuch mit vollständigen Angaben zur Beugung jedes aufgelisteten lettischen Wortes; sehr zu empfehlen!*

Deutsch-Lettisches Wörterbuch, Granta & Pampe, Avots: Riga 1990 – *enthält etwa 52.000 Stichwörter, auch zahlreiche Idioms*

Latviešu-vācu vārdnīca (Lettisch-Deutsches Wörterbuch), Bisenieks & Niselovišz (Hrsg.), Harro v. Hirschheydt, Hannover 1994 – *enthält etwa 33.000 Stichwörter*

Diese Bücher und Schriften sind nicht über den Reise Know-How Verlag erhältlich. Bitte wenden Sie sich an Ihre Buchhandlung!

Die Homepages vieler lettischer Zeitungen können über folgendes Portal erreicht werden: www.news.lv

Größte Tageszeitung ist Diena (Der Tag), die sowohl in einer lettischen als auch in einer russischen Ausgabe erscheint.

Die lettische Botschaft in Berlin hat eine eigene Homepage mit vielen nützlichen Informationen: www.botschaft-lettland.de

A*bkürzungen*:
m = männlich
w = weiblich
Ez = Einzahl
Mz = Mehrzahl
Eig. = Eigenschaftswort
Umst. = Umstandswort
①②③④⑤⑥⑦ *= Beugungsklassen der Hauptwörter*
①①a①b②③ *= Beugungsschema für Verben*

*Bei **unregelmäßigen Verben*** *ist die 3. Person Gegenwart angegeben, z.B.* ilgt *(①, 3.:* ilgst*), d.h.: Infinitiv:* ilgt *- Beugungsklasse ①, 3. Person Gegenwart:* ilgst*. Seltener ist die 1. Person Gegenwart (1.) oder 3. Person Vergangenheit (3. Verg.) angegeben.*

*Bei **Verhältniswörtern** ist die Fallnummer angegeben, in dem das nachfolgende Hauptwort (in der Einzahl) gebeugt werden muss, z.B.:* uz *(+2), d.h.: Hauptwort in der Einzahl wird nach* uz *(auf) im 2. Fall gebeugt.*

A

ab und zu šad un tad
Abend vakars①
Abendbrot essen vakariņot③
Abendessen vakariņas⑤Mz
abends vakaros
aber bet
abfahren aizbraukt①b
abfliegen aizlidot③
abgeben nodot①
abreisen aizceļot③
abschicken nosūtīt②
Abteil kupeja⑤
Adresse adrese⑥
Alkohol alkohols①
allein viens pats
als (ne)kā (Vergleich); kad (zeitl.)
alt vecs, sens
Alter vecums①
Altstadt vecpilsēta⑤
Ampel luksofors①
an pie (+2)
Andenken piemiņa⑤; suvenīrs①
anfangen sākt①a
Angestellter darbinieks①
anhalten apturēt②
ankommen atnākt①a; nonākt①a
Ankunft pienākšana; atnākšana⑤
anmelden pieteikt①b
anrufen piezvanīt②
Antwort atbilde⑥
antworten atbildēt②
Apotheke aptieka⑤
arbeiten strādāt③
Arbeiter strādnieks①
arm nabadzīgs; trūcīgs
Arzt ārsts①
auch arī
auf uz (+2)
Aufenthalt uzturēšanās
aufhören izbeigt
aufschreiben uzrakstīt②
aufstehen piecelties①a; uzcelties①
Ausfuhr eksports①
Ausgang izeja⑤
ausgezeichnet lielisks
Auskunft uzziņas⑤Mz
Ausland ārzemes⑥Mz
Ausländer ārzemnieks①
ausländisch ārzemju
Ausreise aizceļošana⑤
Aussprache izruna⑤
aussteigen kāpt①a ārā
Ausstellung izstāde⑥
Ausweis apliecība⑤
ausziehen novilkt①a
Auto mašīna⑤
Autowerkstatt darbnīca⑤

B

Badeanzug peldkostīms①
Badehose peldbikses⑥Mz
baden peldēties②
Badezimmer vannas istaba⑤
Bahnhof stacija⑤
Bahnsteig perons①
bald drīz
Bank sols① (Sitz); banka⑤ (Geld)
Bargeld skaidra nauda⑤
Batterie baterija⑤
bauen celt①a
Bauer zemnieks①
Baum koks①
beeilen, sich pasteigties①b
beenden pabeigt①b
begegnen, sich satikties①
beginnen sākt①a
begleiten pavadīt②
begrüßen sveicināt②
behandeln ārstēt③ (Krank.)
Behörde iestāde⑥
bei pie (+2)
Beispiel piemērs①
bekanntmachen, sich iepazīties (① 3. iepazistas)
bekommen dabūt③
beleidigen aizvainot③
Belgien Beļģija
Belgier beļģietis②
Belgierin beļģiete⑥
belgisch beļģu
benachrichtigen paziņot③
benutzen lietot③
Benzin benzīns①
Berg kalns①
Beruf profesija⑤
berühmt slavens
beschweren, sich sūdzēties②
besichtigen apskatīt②
Besitzer īpašnieks①
besser labāks
Besteck galda piederumi①Mz
bestellen pasūtīt②
Bestellung pasūtījums①
bestrafen sodīt②
Besuch viesošanās
besuchen apciemot③
betrunken piedzēries
Bett gulta⑤
Bettzeug gultas veļa⑤
bevor pirms
Beweis pierādījums①
bezahlen samaksāt③
Bier alus④
Bild bilde⑥; attēls①
billig lēts
Binde higiēniskā saite⑥ (Damen-); saite⑥ (Verband)
bis līdz (+3)
bisschen mazliet
Bitte lūgums①
bitten lūgt (①b 3. ① dz)
Blatt lapa⑤
bleiben palikt (①a 3. paliek, 3. Verg. palika)
Bleistift zīmulis②
Blume puķe⑥; zieds
Boot laiva⑤
Botschaft (dipl.) vēstniecība⑤
Brand ugunsgrēks①
Brauch ieradums①
brauchen vajadzēt②
breit plats
brennen degt①a
Brief vēstule⑥
Briefmarke pastmarka⑤
Briefumschlag aploksne⑥
Brille brilles⑥Mz
bringen atnest①
Brot maize⑥
Brücke tilts①
Bruder brālis②
Brust krūts⑦
Brustkorb krūškurvis②
Buch grāmata⑤
buchen pasūtīt②
Buchstabe burts①
buchstabieren burtot③
bunt krāsains
Burg pils⑦
Bürger pilsonis②; pavalstnieks①
Büro birojs①
Bus autobuss①
Butter sviests①

C & D

Chauffeur šoferis②
Chef šefs①; vadītājs①
da tur, te, šeit
dafür (tā) viet (anstatt); par to (für etw.)
dahinter aiz tā
damit lai (+ Bedingungsf.)
danach pēc tam
danke paldies
danken pateikties (① 3. pateicas)
dann tad
darum tāpēc
dass ka

Datum datums①
dauern ilgt (① 3. ilgst)
Decke (Bett) sega⑤
denken domāt③
deshalb tāpēc
deutsch vācisks
Deutsche vāciete⑥
Deutscher vācietis②
Deutschland Vācija⑤
Dialekt dialekts①
dick biezs
Diebstahl zādzība⑤
dieser šis
Ding lieta⑤
Diskothek diskotēka⑤
Dokument dokuments①
Dolmetscher tulks①
Dorf ciems①
dort tur
dorthin turp
draußen laukā, ārā
dringend steidzams
drinnen iekšā
dumm muļķīgs, dumjš
dunkel tumšs
dünn tievs
durch (quer) caur (+4)
Durchfall caureja⑤
dürfen drīkstēt②
Durst slāpes⑥Mz
Durst haben slāpt (① 3. sl pst)

E

echt īsts
Ehefrau sieva⑤
Ehemann vīrs①
Ehepaar precēts pāris②
Ei ola⑤
Eigentum īpašums①
Eimer spainis②
einander viens otru; cits citu
Einbruch ielaušanās
einfach vienkāršs
Einfuhr imports①
Eingang ieeja⑤
einige (Eig.) daži(m,Mz), dažas(w,Mz)
einladen ielūgt①
Einladung ielūgums①
einmal vienreiz
einsteigen iekāpt①
eintreten ieiet (① 3. ieiet)
Eintrittskarte ieejas biļete⑥
einverstanden sein piekrist (① 3. piekrīt)
Einwohner iedzīvotājs①
Eis ledus④ (Wasser); saldējums① (Speise-)
Eisenbahn dzelzceļš①
Eiter strutas⑤Mz
Eltern vecāki①Mz
empfangen saņemt① (erhalten)
empfehlen ieteikt①b
Ende gals①
eng šaurs
England Anglija⑤
Engländer anglis②
Engländerin angliete⑥
englisch anglisks
Enkel mazdēls①
Enkelin mazmeita⑤
entscheiden izšķirt①
entschuldigen, sich atvainoties③
Erde zeme⑥
Ereignis notikums①
Erfolg panākums①
erhalten dabūt③ (bekommen); uzturēt② (bewahren)
erholen, sich atpūsties (① 3. atpūšas)
erinnern, sich atminēties (② 3. atmiņas)
erkältet saaukstējies(m)/ saaukstējusies(w)
erklären izskaidrot③
erkundigen, sich apvaicāties③
erlauben atļaut (① 3. at auja)
Erlaubnis atļauja⑤
Ermäßigung pazeminājums①
Ersatz atlīdzība⑤
erzählen stāstīt②
essen ēst (① 3. ēd)
Essen (Kost) ēdiens①
Etage stāvs①
etwa apmēram
etwas kaut kas

F

Fabrik fabrika⑤
Faden diegs①
Fähre prāmis②
fahren braukt①b
Fahrkarte biļete⑥
Fahrplan saraksts①
Fahrpreis braukšanas maksa⑤
Fahrrad divritenis②

Fahrzeug satiksmes līdzeklis②
falsch nepareizs
Familie ģimene⑥
Familienname uzvārds①
Farbe krāsa⑤
Farbfilm krāsainā filma⑤
faul bojāts (Obst); slinks (träge)
Fehler kļūda⑤
Feier svinības⑤Mz
feilschen kaulēties③
Feld lauks①
Fenster logs①
Ferien brīvdienas⑤Mz
fern tāls; tālu
Fernsehgerät televizors①
fertig gatavs
fest ciets
Fest svētki①Mz
feucht mitrs
Feuer uguns③
Fieber drudzis②
Film filma⑤
finden atrast (① 3. atrod, 3. Verg. atrada)
Finger pirksts①
Fisch zivs⑦
Flasche pudele⑥
Fleisch gaļa⑤
fleißig strādīgs
fliegen lidot③
flirten flirtēt③
Flughafen lidosta⑤
Flugticket lidojuma biļete⑥
Flugzeug lidmašīna⑤
Fluss upe⑥
Folklore folklora⑤
Formular formulārs①; veidlapa⑤
Fotoapparat fotoaparāts①
Fotografie fotogrāfija⑤
fotografieren fotografēt③
Frage jautājums①
fragen jautāt③
Frankreich Francija⑤
Franzose francūzis②
Französin francūziete⑥
französisch francisks
Frau sieviete⑥; kundze⑥ (Anrede)
Fräulein jaunkundze⑥
frei brīvs
fremd svešs
freuen, sich priecāties③
Freund draugs①
Freundin draudzene⑥
freundlich laipns
Freundschaft draudzība⑤
Frieden miers①
frieren salt (① 3. salst)
frisch svaigs
fröhlich līksms, priecīgs
Frucht auglis②
früh agrs
früher agrāk
Frühling pavasaris②
Frühstück brokastis⑦Mz
frühstücken brokastot③
fühlen, sich justies (① 3. jūtas, 3. Verg. jutas)
fürchten, sich (vor) baidīties② (no)
Fuß kāja⑤
Fuß, zu kājām

G

Gabel dakšiņa⑤
ganz viss
Garten dārzs①
Gas gāze⑥
Gasse ieliņa⑤
Gast viesis①
Gastfreundschaft viesmīlība⑤
Gastgeber mājas tēvs①
Gaststätte krogs①
Gebäck cepums①
Gebäude ēka⑤
geben dot (① 3. dod)
Gebirge kalni①Mz
Gebühr nodoklis②
Geburtstag dzimšanas diena⑤
gefährlich bīstams
gefallen patikt (① 3. patīk)
Gefühl jūtas⑤Mz
gegen pret (+4)
Gegend apvidus④
gegenüber pretī
gehen iet (① 1. eju, 3. iet, 3. Verg. gāja)
Geld nauda⑤
Gemüse saknes⑥Mz
gemütlich patīkams, omulīgs
genau tieši
genug diezgan; pietiekami
geöffnet atvērts
Gepäck bagāža⑤
geradeaus uz priekšu
gern labprāt
Geschäft veikals① (Laden); darīšanas⑤Mz (Tätigkeit)
Geschenk dāvana⑤
Geschichte stāsts① (Erzählung); vēsture⑥ (Historie)
geschlossen slēgts

Gesellschaft sabiedrība⑤ (sozial & Firma)
Gesetz likums①
Gespräch saruna⑤
gestern vakar
gesund vesels
Gesundheit veselība⑤
Getränk dzēriens①
Gewicht svars①
Gewitter negaiss①
gewöhnen pieradināt②
Gewürz garšviela⑤
Gift inde⑥
Giftschlange indīga čūska⑤
Glas stikls① (Material); glāze⑥ (Trink-)
glauben ticēt②
Glück laime⑥
glücklich laimīgs
Gold zelts①
Gott Dievs①
Gramm grams①
Grammatik gramatika⑤
Gras zāle⑥
gratulieren apsveikt①b
Grenze robeža⑤
Grippe gripa⑤
groß liels
Größe (Kleidung) lielums①
Großmutter vecā māte⑥
Großvater vecais tēvs①
Gruppe grupa⑤
grüßen sveicināt②
gültig derīgs
gut labs
Gut (Herrensitz) muiža⑤

H

haben būt①* (+3)
Hafen osta⑤
Hälfte puse⑥
halten turēt②
Haltestelle pietura⑤
Handel tirdzniecība⑤
hart ciets
Haus māja⑤
Hausfrau namamāte⑥
Hausherr namatēvs①
heben celt①a
Heftpflaster leikoplasts①
heiß karsts
helfen palīdzēt②
hell gaišs
Herbst rudens③
Herr kungs①
herzlich sirsnīgs
heute šodien
hier te; šeit
hierher šurp
Hilfe palīdzība⑤
Hilfe! palīgā!
hinaus ārā
hinter aiz (+2)
hoch augsts
Hochzeit kāzas⑤Mz
hoffen cerēt②
höflich pieklājīgs
holen atnest①
Holz koks①
hören dzirdēt②
Hotel viesnīca⑤
hungrig izsalcis
Hygiene higiēna⑤

I

immer vienmēr
impfen potēt③
in uz (+4) (örtl.); pēc (+2) (zeitl.)
Industrie rūpniecība⑤
Insekt kukainis②
Insel sala⑤
interessant interesants, saistošs
interessieren, sich interesēties③
international starptautisks
Irrtum pārpratrums①

J

ja jā
jagen medīt③
Jahr gads①
Jahreszeit gadalaiks①
jährlich gadskārtējs
jeder katrs
jedesmal katreiz
jemand kāds
jener tas
jetzt tagad
jung jauns
Junge zēns①; puika⑤

K

Kaffee kafija⑤
kalt auksts
kaputt pagalam; beigts
Karte karte⑥
Kasse kase⑥
kaufen (no)pirkt (① 3. (no)pērk)
kennen pazīt (① 3. pazīst, 3. Verg. pazina)
Kind bērns①
Kino kino
Kirche baznīca⑤

Kleidung drēbes⑥Mz
klein mazs
klug gudrs
Kneipe krogs①
kochen vārīt②
Koffer čemodāns①
kommen nākt①a (3. nāk, 3. Verg. nāca)
kompliziert sare īts
können varēt②
Konsulat konsulāts①
kontrollieren kontrolēt③
Konzert koncerts①
kosten maksāt③ (Preis); nogaršot③ (probieren)
kostenlos bezmaksas
krank slims
Krankenhaus slimnīca⑤
Krankheit slimība⑤
Kreuzung krustojums①
kühl vēss
Kühlschrank ledusskapis②
Kunst māksla⑤
kunstgewerbliche Waren daiļamatniecības preces⑥Mz
kurz īss
küssen skūpstīt②

L

lächeln smaidīt②
lachen smieties (① 3. smejas)
Lage stāvoklis②
Lager (Zelt-) nometne⑥
Lampe lampa⑤
Land zeme⑥
Landkarte (ģeogrāfiskā) karte⑥
Landschaft ainava⑤
Landwirtschaft lauksaimniecība⑤
lang (Entfernung) garš
lange (zeitl.) ilgi
langsam lēns
langweilig garlaicīgs
laufen (rennen) skriet (① 3. skrien)
laut skaļš
leben dzīvot③
Leben dzīve⑥
Lebensmittel pārtikas produkti①Mz
ledig neprecējies(m)/ neprecējusies(w)
leer tukšs
legen (stellen) (no)likt (①b 3. (no)liec)
lehren mācīt②
Lehrer skolotājs①
Lehrerin skolotāja⑤
leicht viegls
leihen, sich (von) aizņemties①
lernen mācīties②
lesen lasīt②
Leute ļaudis②Mz
Licht gaisma⑤
lieben mīlēt②
Lied dziesma⑤
liegen gulēt②
links pa kreisi
Löffel karote⑥
Lohn alga⑤
lügen melot③
lustig jautrs

M

machen (tun) darīt②
Mädchen meitene⑤
malen gleznot③
manchmal dažreiz
Mann vīrs①, vīrietis②
Markt tirgus④
Medikament zāles⑥Mz
Meer jūra⑤
mehr vairāk
Menge daudzums①
Mensch cilvēks①
merken, sich iegaumēt③
Messer nazis②
mieten īrēt③, nomāt③
Minute minūte⑥
mit ar (+4)
Mittag pusdiena⑤
Mittag essen ēst①* pusdienas
mittags pusdienā
mitteilen paziņot③
Mode mode⑥
möglich iespējams
Monat mēnesis②
morgen rīt
Morgen rīts①
morgens rītos
Motor motors①
Motorboot motorlaiva⑤
Motorrad motocikls①
müde noguris(m)/nogurusi(w)
Müll atkritumi①Mz
Museum muzejs①
Musik mūzika⑤
müssen vajag
Mutter māte⑥

N

nach (zeitl.) pēc (+2)
Nachmittag pēcpusdiena⑤
nachmittags pēcpusdienā
Nachricht ziņa⑤
Nachrichten (pēdējo) ziņu pārraide⑥ (Medien); ziņas⑤ Mz
nächstes Mal nākošreiz
Nacht nakts⑦
nachts naktīs
nackt pliks
Nadel adata⑤
nah tuvs
Name vārds①
nass slapjš
Nationalität tautība⑤
Natur daba⑤
natürlich dabisks
neben blakus (+3)
nehmen ņemt①
nein nē
neu jauns
neugierig ziņkārīgs
nicht ne- (Vorsilbe)
nichts nekas; neko
Niederlande Nīderlande⑥
Niederländer nīderlandietis②
Niederländerin nīderlandiete⑥
niederländisch nīderlandiešu
niedrig zems
niemals nekad
niemand neviens
nirgendwo nekur
noch vēl
noch einmal vēlreiz
Norden ziemeļi② Mz
normal normāls
notwendig nepieciešams
Nummer numurs①
nur tikai
nützlich sein līdzēt②

O

ob vai
oben augš
Obst augļi① Mz
oder vai; jeb
öffnen atvērt①
oft bieži
ohne bez (+2)
Öl eļļa⑤
Onkel onkulis②, tēvocis②
Organ orgāns①
organisieren organizēt③
Ort vieta⑤
Osten austrumi① Mz
Österreich Austrija⑤
Österreicher austrietis①
Österreicherin austriete⑥
österreichisch austriešu

P & Q

paar (einige) pāris; daži
Paar pāris①
Päckchen paciņa⑤
Paket paka⑤
Palast pils⑦
Panne avārija⑤
Papier papīrs①
Park parks①
parken (Wagen) novietot③
Pass pase⑥
Patient pacients①
Pause pārtraukums①
Person persona⑤
Pflanze augs①
Pflaster plāksteris②
Plan plāns①
Platz laukums①; vieta⑤ (Sitz-)
Platzkarte vietas karte⑥
plötzlich pēkšņi
Politik politika⑤
Polizei policija⑤
Post(amt) pasts①
Postkarte pastkarte⑥
Präservativ prezervatīvs①
Preis cena⑤
privat privāts
Problem problēma⑤
Programm programma⑤
Prospekt brošūra⑤
pünktlich precīzs
Qualität kvalitēte⑥

R

Radiogerät radio
Rat padoms①
rauchen smēķēt③
Raum telpa⑤
rechnen rēķināt②
Rechnung rēķins①
Recht (An-) tiesības⑤ Mz
rechts pa labi
reden runāt③
Regen lietus④
Regenschirm lietussargs①
registrieren reģistrēt③
reich bagāts
reif gatavs
Reifen riepa⑤
Reise ceļojums①
Reisebüro ceļojumu birojs①

reisen ceļot③
reparieren remontēt③
reservieren rezervēt③
Restaurant restorāns①
richtig pareizs
Richtung virziens①
roh jēls
Rückfahrt atceļš①
Rucksack mugursoma⑤
rückständig atpalicis; atpalikusi
rufen saukt①b
Ruhe miers①
ruhen būt (① 3. ir) mierā
Russe krievs①
Russin krieviete⑥
russisch krievu
Russland Krievija⑤

S

Sache lieta⑤
sagen sacīt (② 3. saka); teikt①b
Salbe ziede⑥
Salz sāls⑦
sammeln krāt (① 2./3. krāj)
Sand smiltis⑦Mz
satt paēdis; paēdusi
Satz (Grammatik) teikums①
sauber tīrs
säubern tīrīt②
sauer (Geschmack) skābs
Schallplatte skaņuplate⑥
scharf ass, stiprs
Scheck čeks①
Schere šķēres⑥Mz
schicken (senden) sūtīt②
schießen šaut①
Schiff kuģis②
schlafen gulēt②
Schlafzimmer guļamistaba⑤
schlagen sist (① 3. sit, 3. Verg. sita)
schlecht slikts
Schloss (Gebäude) pils⑦
Schlüssel atslāga⑤
schmackhaft garšīgs
Schmerz sāpes⑥Mz
schmerzen sāpēt②
Schmuck rotaslietas⑤Mz
schmutzig netīrs
Schnaps degvīns①
schnell ātrs
schon jau
schön skaists
schreiben rakstīt②
Schuh kurpe⑥
schuldig vainīgs
Schule skola⑤
Schüler skolnieks①
Schülerin skolniece⑥
schwanger grūtniecības stavoklī
Schwangerschaft grūtniecība⑤
Schweiz Šveice⑥
Schweizer šveicietis②
Schweizerin šveiciete⑥
schwer grūts
Schwester māsa⑤
schwimmen peldēt②
schwitzen svīst①
See (der) ezers①
sehen redzēt②
Sehenswürdigkeit ievērojama vieta⑤
Seide zīds①
Seife ziepes⑥Mz
sein (Verb) būt (① 3. ir, 3. Verg. bija)
seit no (+2)
Seite (Richtung) puse⑥
Sekunde sekunde⑥
selbst pats
selten (Umst.) reti
senden (schicken) sūtīt②
setzen nolikt (①a 3. noliek, 3. Verg. nolika)
setzen, sich apsēsties (①a 3. apsēžas, 3. Verg. apsēdās)
sicher (Umst.) droši
Silber sudrabs①
singen dziedāt②
sitzen sēdēt②
so tā
sofort tūlīt
Sohn dēls①
solch tāds
Sommer vasara⑤
Sonne saule⑥
sparen (Geld) taupīt②
spät vēls
später vēlāk
spazieren gehen pastaigāties③
Speise ēdiens①
Speisekarte ēdienkarte⑥
spielen spēlēt③
Spielzeug rotaļlieta⑤
Sport sports①
Sprache valoda⑤
sprechen runāt③
spritzen (med.) injicēt③
Staatsangehörigkeit pavalstniecība⑤
Stadt pilsēta⑤

Stadtkarte/-plan (pilsētas) plāns①
stark stiprs
stehen stāvēt②
Stein akmens③
Stelle (Ort) vieta⑤
stellen nolikt (①a 3. noliek, 3. Verg. nolika)
sterben mirt (① 3. mirst, 3. Verg. mira)
Stil (Kunst) stils①
Stimme balss⑦
Stoff viela⑤
stören traucēt③
Strafe sods①
Strand jūrmala⑤
Straße iela⑤
Straßenbahn tramvajs①
Streichhölzer sērkociņi①Mz
streiten strīdēties②
Stück gabals①
Student students①
Studentin studente⑥
Stunde stunda⑤
suchen meklēt③
Süden (Richtung) dienvidi①Mz
Summe summa⑤
Suppe zupa⑤
süß salds

T

Tabak tabaka⑤
Tabakdose tabakdoze⑥
Tablette tablete⑥
Tag diena⑤
täglich ikdienas (Adj.); ik dienas (Adv.)
Tal ieleja⑤
Tankstelle degvielas uzpildes stacija⑤
Tante tante⑥
tanzen dejot③
Tasche soma⑤
Taxi taksometrs①
Tee tēja⑤
Telefon telefons①, tālrunis②
telefonieren piezvanīt② (anrufen); runāt③ pa telefonu (mit jemand)
Telegramm telegramma⑤
teuer (Preis) dārgs
Theater teātris②
tief dziļš
Tier dzīvnieks①
Tochter meita⑤
Tod nāve⑥
Toilette tualete⑥
Toilettenpapier tualetes papīrs①
tot miris(m)/mirusi(w)
töten nonāvēt③
Tradition tradīcija⑤
tragen nest①
traurig skumīgs
treffen (begegnen) satikt (①a 3. satiek, 3. Verg. satika)
Treppe kāpnes⑥Mz
trinken dzert①
Trinkgeld dzeramnauda⑤
trocken sauss
tun darīt②
Tür durvis⑦Mz
Turm tornis②

U

üben vingrināt②
über (örtl.) pār (+4); caur (+4)
überall visur
übermorgen parīt
übersetzen (pār)tulkot③
Übersetzer tulkotājs①
Überweisung (Geld) pārskaitījums①
übrig (Eig.) pārējais/pārējā(m/w)
Uhr pulkstenis②
um ap (+4)
um zu lai (+ Bedingungsf.)
Umgebung apkārtne⑥
Umleitung apvedceļš①
umtauschen apmainīt②
Umweg līkums①
Umwelt (apkārtējā) vide⑥
unbekannt nepazīstams
und un
Unfall nelaimes⑥ gadījums①
Universität universitāte⑥
unschuldig nevainīgs
unten lejā, apakšā
unter zem (+2)
unterhalten, sich sarunāties③
Unterkunft mājoklis②
unterrichten mācīt②
unterschreiben parakstīt②
Urlaub atvaļinājums①

V

Valuta (Devisen) valūta⑤
Vater tēvs①
verabreden, sich norunāt③ satikties
verboten aizliegts

Verbrechen noziegums①
verdienen pelnīt②
vergessen aizmirst①
vergnügen, sich izpriecāties③
verirren, sich apmaldīties②
verkaufen pārdot①
verleihen (etw.) aizdot①
verletzt ievainots
Verletzung ievainojums①
verlieben, sich iemīlēties②
verlieren zaudēt③
vermieten izīrēt③
Vermittlung starpniecība⑤
Versicherung apdrošināšana⑤
verspäten, sich novēloties③
verstehen saprast (① 3. saprot, 3. Verg. saprata)
versuchen mēģināt②
viel daudz
vielleicht varbūt
Viertel ceturksnis②
Vogel putns①
Volk tauta⑤
voll pilns
vor priekšā (räuml.); **pirms** (+2) (zeitl.)
voran priekšā
vorbereiten sagatavot③
vorher pirms tam
Vormittag priekšpusdiena⑤
vormittags priekšpusdienā
Vorname vārds①
vorschlagen ierosināt②
vorstellen (jmd.) iepazīstināt②
vorstellen, sich iedomāties③

W

Wagen (Auto) mašīna⑤
Waggon (Zug) vagons①
wahr pareizs
währenddessen pa to laiku
Wald mežs①
Wand siena⑤
wandern ceļot③
wann? kad?
Ware prece⑥
warm silts
warten gaidīt②
warum? kāpēc?
was? kas?
waschen mazgāt③
Wasser ūdens③
Watte vate⑥
wechseln (Geld) mainīt②
wecken modināt②
Weg ceļš①
wegen dēļ (+2)
weiblich sievišķīgs
weil tāpēc, ka
weinen raudāt②
weit tālu
welche? kura?(w,Ez), kuri?(m,Mz), kuras?(w,Mz)
welcher? kurš?(m,Ez)
wenig maz
wenn (als) kad
wenn (falls) ja
wer? kas?
werden tapt (① 3. top)
wessen? kā?
Westen rietumi① Mz
Wetter laiks①
wichtig svarīgs
wie (Vgl.) kā
wie? kā?
wieder atkal
wiederholen atkārtot③
wie viel(e)? cik?
Wind vējš①
Windel (Baby) autiņš①
Winter ziema⑤
wissen zināt②
wo? kur?
woanders citur
Woche nedēļa⑤
woher? no kurienes?
wohin? uz kurieni?
wohnen dzīvot③
Wohnung dzīvoklis②
wollen gribēt②
Wort vārds①
Wörterbuch vārdnīca⑤
Wunde ievainojums①
wünschen vēlēt②

Z

zahlen maksāt③
Zahnarzt zobārsts①
Zahnpasta zobu pasta⑤
zeigen (pa)rādīt②
Zeit laiks①
Zeitung avīze⑥, laikraksts①
Zentrum centrs①
Zigarette cigarete⑥
Zimmer istaba⑤
Zoll muita⑤
zu (allzu) pārāk
zufrieden apmierināts
Zug vilciens①
zuhören klausīties②
zurück atpakaļ
zusammen kopā
Zweifel šaubas⑤ Mz
zwischen starp (+4)

A

adata⑤ Nadel
adrese⑥ Adresse
agrāk früher
agrs früh
ainava⑤ Landschaft
aiz (+2) hinter
aiz tā dahinter
aizbraukt①b abfahren
aizceļošana⑤ Ausreise
aizceļot③ abreisen
aizdot① verleihen (etw.)
aizlidot③ abfliegen
aizliegts verboten
aizmirst① vergessen
aizņemties① sich leihen (von)
aizvainot③ beleidigen
aizvilkt①a abschleppen
akmens③ Stein
alga⑤ Lohn
alkohols① Alkohol
alus④ Bier
angliete⑥ Engländerin
Anglija⑤ England
anglis② Engländer
anglisks englisch
ap (+4) um
apciemot③ besuchen
apdrošināšana⑤ Versicherung
apkārtējā vide⑥ Umwelt
apkārtne⑥ Umgebung
apliecība⑤ Ausweis
aploksne⑥ Briefumschlag
apmainīt② umtauschen
apmaldīties② sich verirren
apmēram etwa
apmierināts zufrieden
apsēsties①a* sich setzen
apskatīt② besichtigen
apsveikt①b gratulieren
aptieka⑤ Apotheke
apturēt② anhalten
apvaicāties③ sich erkundigen
apvedceļš① Umleitung
apvidus④ Gegend
ar (+4) mit
arī auch
ass scharf
atbilde⑥ Antwort
atbildēt② antworten
atceļš① Rückfahrt
atkal wieder
atkārtot③ wiederholen
atkritumi①Mz Müll
atļauja⑤ Erlaubnis
atļaut①* erlauben
atlīdzība⑤ Ersatz
atminēties②* sich erinnern
atnākšana⑤ Ankunft
atnākt①a ankommen
atnest① holen; bringen
atpakaļ zurück
atpalicis(m) rückständig
atpalikusi(w) rückständig
atpūsties①* sich erholen
atrast①* finden
atslēga⑤ Schlüssel
attēls① Bild
atvainoties③ sich entschuldigen
atvaļinājums① Urlaub
atvērt① öffnen
atvērts geöffnet
augļi①Mz Obst
auglis② Frucht
augs① Pflanze
augš oben
augsts hoch
auksts kalt
austriešu österreichisch
austriete⑥ Österreicherin
austrietis① Österreicher
Austrija⑤ Österreich
austrumi①Mz Osten
autiņš① Windel (Baby)
avārija⑤ Panne
avīze⑥ Zeitung

Ā

ārā hinaus, draußen
ārstēt③ behandeln (Krank.)
ārsts① Arzt
ārzemes⑥Mz Ausland
ārzemju ausländisch
ārzemnieks① Ausländer
ātrs schnell

B

bagāts reich
bagāža⑤ Gepäck
baidīties② **(no)** sich fürchten (vor)
balss⑦ Stimme
banka⑤ Bank (finanz.)
baterija⑤ Batterie
baznīca⑤ Kirche
beigts kaputt
beļģiete⑥ Belgierin
beļģietis② Belgier
Beļģija Belgien
beļģu belgisch
benzīns① Benzin
bērns① Kind
bet aber

Wortliste Lettisch – Deutsch

bez (+2) ohne
bezmaksas kostenlos
bieži oft
biezs dick
bilde⑥ Bild
biļete⑥ Fahrkarte
birojs① Büro
bīstams gefährlich
blakus (+3) neben
boj ts faul (Obst)
brālis② Bruder
braukšanas maksa⑤ Fahrpreis
braukt①b fahren
brilles⑥Mz Brille
brīvdienas⑤Mz Ferien
brīvs frei
brokastis⑦Mz Frühstück
brokastot③ frühstücken
brošūra⑤ Prospekt
burtot③ buchstabieren
burts① Buchstabe
būt①* sein (Verb)
būt①* (+3) haben
būt①* mier ruhen

C & Č

caur (+4) durch (quer), über (örtl.)
caureja⑤ Durchfall
ceļojums① Reise
ceļojumu birojs① Reisebüro
ceļot③ reisen; wandern
ceļš① Weg
celt①a bauen; heben
cena⑤ Preis
centrs① Zentrum
cepums① Gebäck
cerēt② hoffen
ceturksnis② Viertel
ciems① Dorf
ciets fest, hart
cigarete⑥ Zigarette
cik? wie viel(e)?
cilvēks① Mensch
cits citu einander
citur woanders
čeks① Scheck
čemodāns① Koffer

D

daba⑤ Natur
dabisks natürlich
dabūt③ bekommen
daiļamatniecības preces⑥Mz kunstgewerbliche Waren
dakšiņa⑤ Gabel
darbinieks① Angestellter
darbnīca⑤ Autowerkstatt
dārgs teuer (Preis)
darīšanas⑤Mz Geschäft (Tätigkeit)
darīt② machen, tun
dārzs① Garten
datums① Datum
daudz viel
daudzums① Menge
dāvana⑤ Geschenk
dažas(w,Mz) einige, einige
daži(m,Mz) paar, einige
dažreiz manchmal
degt①a brennen
degvielas uzpildes stacija⑤ Tankstelle
degvīns① Schnaps
dejot③ tanzen
dēļ (+2) wegen
dēls① Sohn
derīgs gültig
dialekts① Dialekt
diegs① Faden
diena⑤ Tag
dienvidi①Mz Süden
Dievs① Gott
diezgan genug
diskotēka⑤ Diskothek
divritenis② Fahrrad
dokuments① Dokument
domāt③ denken
domkrats① Wagenheber
dot①* geben
draudzene⑥ Freundin
draudzība⑤ Freundschaft
draugs① Freund
drēbes⑥Mz Kleidung
drīkstēt② dürfen
drīz bald
droši sicher (Umst.)
drudzis② Fieber
durvis⑦Mz Tür
dzelzceļš① Eisenbahn
dzeramnauda⑤ Trinkgeld
dzēriens① Getränk
dzert① trinken
dziedāt② singen
dziesma⑤ Lied
dziļš tief
dzimšanas diena⑤ Geburtstag
dzirdāt② hören
dzīve⑥ Leben
dzīvnieks① Tier
dzīvoklis② Wohnung
dzīvot③ leben; wohnen

E & Ē

eksports① Ausfuhr
eļļa⑤ Öl
ezers① See (der)
ēdienkarte⑥ Speisekarte
ēdiens① Essen, Speise
ēka⑤ Gebäude
ēst①* **(pusdienas)** (zu Mittag) essen

F

fabrika⑤ Fabrik
filma⑤ Film
flirtēt③ flirten
folklora⑤ Folklore
formulārs① Formular
fotografēt③ fotografieren
fotogrāfija⑤ Fotografie
fotoaparāts① Fotoapparat
Francija⑤ Frankreich
francisks französisch
francūziete⑥ Französin
francūzis② Franzose

G & Ģ

gabals① Stück
gadalaiks① Jahreszeit
gads① Jahr
gadskārtējs jährlich
gaidīt② warten
gaisma⑤ Licht
gaišs hell
gaļa⑤ Fleisch
galda piederumi①Mz Besteck
gals① Ende
garlaicīgs langweilig
garš lang (Entfernung)
garšīgs schmackhaft
garšviela⑤ Gewürz
gatavs fertig; reif
gāze⑥ Gas
glāze⑥ Glas (Trink-)
gleznot③ malen
grāmata⑤ Buch
gramatika⑤ Grammatik
grams① Gramm
gribēt② wollen
gripa⑤ Grippe
grupa⑤ Gruppe
grūtniecība⑤ Schwangerschaft
grūts schwer
gudrs klug
guļamistaba⑤ Schlafzimmer
gulēt② liegen; schlafen
gulta⑤ Bett
gultas veļa⑤ Bettzeug
ģimene⑥ Familie

H & I

higiēna⑤ Hygiene
higiēnisk saite⑥ Binde
iedomāties③ sich vorstellen
iedzīvotājs① Einwohner
ieeja⑤ Eingang
ieejas biļete⑥ Eintrittskarte
iegaumēt③ sich merken
ieiet①* eintreten
iekāpt① einsteigen
iekšā drinnen
iela⑤ Straße
ielaušanās Einbruch
ieliņa⑤ Gasse
ielūgt① einladen
ielūgums① Einladung
iemīlēties② sich verlieben
iepazīstinat② vorstellen (jmd.)
iepazīties①* sich bekanntmachen
ieradums① Brauch
ierosināt② vorschlagen
iespējams möglich
iestāde⑥ Behörde
iet①* gehen
ieteikt①b empfehlen
ievainojums① Verletzung
ievainots verletzt
ievērojama vieta⑤ Sehenswürdigkeit
ikdienas täglich
ilgi lange (zeitl.)
ilgt①* dauern
imports① Einfuhr
inde⑥ Gift
indīga čūska⑤ Giftschlange
injicēt③ spritzen (med.)
interesants interessant
interesēties③ sich interessieren
istaba⑤ Zimmer
izeja⑤ Ausgang
izīrēt③ vermieten
izpriecēties③ sich vergnügen
izruna⑤ Aussprache
izsalcis hungrig
izskaidrot③ erklären
izšķirties① entscheiden
izstāde⑥ Ausstellung

Ī

īpašnieks① Besitzer

īpašums① Eigentum
īrēt③ mieten
īss kurz
īsts echt

J

ja wenn, falls
jā ja
jau schon
jaunkundze⑥ Fräulein
jauns jung; neu
jautājums① Frage
jautāt③ fragen
jautrs lustig
jeb oder, bzw.
jēls roh
jūra⑤ Meer
jūrmala⑤ Strand
justies①* sich fühlen
jūtas⑤Mz Gefühl

K

ka dass
kā als, wie (Vergleich)
kā? wessen?; wie?
kad wenn, als (zeitl.)
kad? wann?
kāds jemand
kafija⑤ Kaffee
kāja⑤ Fuß
kājām Fuß, zu
kalni①Mz Gebirge
kalns① Berg
kāpēc? warum?
kāpnes⑥Mz Treppe
kāpt①a r aussteigen
karote⑥ Löffel
karsts heiß
karte⑥ Karte
karte⑥ Landkarte
kas? wer?; was?
kase⑥ Kasse
katrreiz jedesmal
katrs jeder
kaulēties③ feilschen
kaut kas etwas
kāzas⑤Mz Hochzeit
kino Kino
klausīties② zuhören
kļūda⑤ Irrtum, Fehler
koks① Holz; Baum
koncerts① Konzert
konsulāts① Konsulat
kontrolēt③ kontrollieren
kopā zusammen
krāsa⑤ Farbe
krāsainā filma⑤ Farbfilm
krāsains farbig
krāt①* sammeln, sparen
krieviete⑥ Russin
Krievija⑤ Russland
krievs① Russe
krievu russisch
krogs① Kneipe, Gaststätte
krūškurvis② Brustkorb
krustojums① Kreuzung
krūts⑦ Brust
kuģis② Schiff
kundze⑥ Frau (Anrede)
kungs① Herr
kupeja⑤ Abteil
kur? wo?
kura?(w,Ez) welche?
kuras?(w,Mz) welche?
kuri?(m,Mz) welche?
kurpe⑥ Schuh
kurš?(m,Ez) welcher?
kvalitāte⑥ Qualität

L & Ļ

labāks besser
labprāt gern
labs gut
lai (+ Bedingungsform) damit, um zu
laikraksts① Zeitung
laiks① Zeit; Wetter
laime⑥ Glück
laimīgs glücklich
laipns freundlich
laiva⑤ Boot
lampa⑤ Lampe
lapa⑤ Blatt
lasīt② lesen
laukā draußen
lauks① Feld
lauksaimniecība⑤ Landwirtschaft
laukums① Platz
ledus④ Eis (gefroren)
ledusskapis② Kühlschrank
leikoplasts① Heftpflaster
leja⑤ Tal
lejā unten
lēns langsam
lēts billig
lidmašīna⑤ Flugzeug
lidojuma biļete⑥ Flugtiket
lidosta⑤ Flughafen
lidot③ fliegen
līdz (+3) bis
līdzēt② nützlich sein
lielisks ausgezeichnet
liels groß
lielums① Größe (Kleidung)
lieta⑤ Ding, Sache
lietot③ benutzen
lietus④ Regen

lietussargs① Regenschirm
līksms fröhlich
likt①b* legen (stellen)
likums① Gesetz
līkums① Umweg
logs① Fenster
lūgt①b* bitten
lūgums① Bitte
luksofors① Ampel
ļaudis②Mz Leute

M

mācīt② lehren, unterrichten
mācīties② lernen
mainīt② wechseln (Geld)
maize⑥ Brot
māja⑤ Haus
mājas tēvs① Gastgeber
mājasmāte⑥ Hausfrau
mājastēvs① Hausherr
mājoklis② Unterkunft
maksāt③ kosten; zahlen
māksla⑤ Kunst
māsa⑤ Schwester
mašīna⑤ Wagen, Auto
māte⑥ Mutter
maz wenig
mazdēls① Enkel
mazgāt③ waschen
mazliet bisschen
mazmeita⑤ Enkelin
mazs klein
medīt③ jagen
māģināt② versuchen
meita⑤ Tochter
meitene⑤ Mädchen
meklēt③ suchen
melot③ lügen
mēnesis② Monat
mežs① Wald
miers① Frieden, Ruhe
mīlēt② lieben
minūte⑥ Minute
miris(m)/**mirusi**(w) tot
mirt①* sterben
mitrs feucht
mode⑥ Mode
modināt② wecken
motocikls① Motorrad
motorlaiva⑤ Motorboot
motors① Motor
mugursoma⑤ Rucksack
muita⑤ Zoll
muiža⑤ Gut (Herrensitz)
muļķīgs dumm
muzejs① Museum
mūzika⑤ Musik

N & Ņ

nabadzīgs arm
nākošreiz nächstes Mal
nākt①a* kommen
naktīs nachts
nakts⑦ Nacht
nauda⑤ Geld
nāve⑥ Tod
nazis② Messer
nē nein
ne- (Vorsilbe) nicht
nedēļa⑤ Woche
negaiss① Gewitter
nekā als (Vgl.)
nekad niemals
nekas nichts
neko nichts
nekur nirgendwo
nelaime⑥ Unglück
nepareizs falsch
nepazīstams unbekannt
nepieciešams notwendig
neprecējies(m) ledig
neprecējusies(w) ledig
nest① tragen
netīrs schmutzig
nevainīgs unschuldig
neviens niemand
Nīderlande⑥ Niederlande
nīderlandiešu niederländisch
nīderlandiete⑥ Niederländerin
nīderlandietis② Niederländer
no (+2) seit
no kurienes? woher?
nodoklis② Gebühr, Steuer
nodot① abgeben
nogaršot③ kosten (Essen)
noguris(m)/**nogurusi**(w) müde
nolikt①a* stellen, setzen
nolikt①b* legen (stellen)
nomāt③ mieten
nometne⑥ Lager (Zelt-)
nonākt①a ankommen
nonāvēt③ töten
nopirkt①* kaufen
normāls normal
norunāt③ **satikties** sich verabreden
nosūtīt② abschicken
notikums① Ereignis
novēloties③ sich verspäten
novietot③ parken (Wagen)
novilkt①a ausziehen
noziegums① Verbrechen
numurs① Nummer
ņemt① nehmen

O

ola⑤ Ei
omulīgs gemütlich
organizēt③ organisieren
orgāns① Organ
osta⑤ Hafen

P

pa kreisi links
pa labi rechts
pa to laiku währenddessen
pabeigt①b beenden
pacients① Patient
paciņa⑤ Päckchen
padoms① Rat
paēdis(m) satt
paēdusi(w) satt
pagalam kaputt
paka⑤ Paket
paldies danke
palīdzēt② helfen
palīdzība⑤ Hilfe
palīgā! Hilfe!
palikt①a* bleiben
panākums① Erfolg
papīrs① Papier
par to dafür (für etw.)
pār (+4) über (örtl.)
parādīt② zeigen
pārāk zu (allzu)
parakstīt② unterschreiben
pārdot① verkaufen
pareizs richtig, wahr
pārējais(m)/**pārējā**(w) übrig
pāris paar, einige
pāris① Paar
parīt übermorgen
parks① Park
pārskaitījums① Überweisung (Geld)
pārtikas produkti①Mz Lebensmittel
pārtraukt①b aufhören
pārtraukums① Pause
pārtulkot③ übersetzen
pase⑥ Pass
pastaig ties③ spazieren gehen
pasteigties①b sich beeilen
pastkarte⑥ Postkarte
pastmarka⑤ Briefmarke
pasts① Post(amt)
pasūtījums① Bestellung
pasūtīt② bestellen, buchen
pateikties①* danken
patīkams gemütlich
patikt①* gefallen
pats selbst
pavadīt② begleiten
pavalstniecība⑤ Staatsangehörigkeit
pavalstnieks① Bürger
pavasaris② Frühling
pazeminājums① Ermäßigung
paziņot③ benachrichtigen
pazīt①* kennen
pēc (+2) in, nach (zeitl.)
pēc tam danach
pēcpusdiena⑤ Nachmittag
pēcpusdienā nachmittags
pēdējo ziņu pārraide⑥ Nachrichten (Medien)
pēkšņi plötzlich
peldbikses⑥Mz Badehose
peldēt② schwimmen
peldēties② baden
peldkostīms① Badeanzug
pelnīt② verdienen
perons① Bahnsteig
persona⑤ Person
pie (+2) an, bei
piecelties①a aufstehen
piedzēries betrunken
pieklājīgs höflich
piekrāpt①a betrügen
piekrist①* einverstanden sein
piemērs① Beispiel
piemiņa⑤ Andenken
pierādījums① Beweis
pieradināt② gewöhnen
pieteikt①b anmelden
pietiekami genug
pietura⑤ Haltestelle
piezvanīt② telefonieren
pilns voll
pils⑦ Burg, Schloß, Palast
pilsēta⑤ Stadt
pilsētas plāns① Stadtplan
pilsonis② (Staats-)Bürger
pirksts① Finger
pirkt①* kaufen
pirms bevor
pirms (+2) vor (zeitl.)
pirms tam vorher
plāksteris② Pflaster
plāns① (Stadt)Karte, Plan
plats breit
pliks nackt
policija⑤ Polizei
politika⑤ Politik
potēt③ impfen
prāmis② Fähre
prece⑥ Ware
precīzs pünktlich
precēts pāris② Ehepaar
pret (+4) gegen

pretī gegenüber
prezervatīvs① Präservativ
priecāties③ sich freuen
priekšā vor (räuml.), voran
priekšpusdiena⑤ Vormittag
priekšpusdienā vormittags
privāts privat
problēma⑤ Problem
profesija⑤ Beruf
programma⑤ Programm
pudele⑥ Flasche
puika⑤ Junge
puķe⑥ Blume
pulkstenis② Uhr
pusdiena⑤ Mittag
pusdienā mittags
puse⑥ Hälfte; Seite
putns① Vogel

R

radio Radiogerät
rādīt② zeigen
rakstīt② schreiben
raudāt② weinen
redzēt② sehen
reģistrēt③ registrieren
rēķināt② rechnen
rēķins① Rechnung
remontēt③ reparieren
restorāns① Restaurant
reti selten (Umst.)
rezervēt③ reservieren
riepa⑤ Reifen
rietumi①Mz Westen
rīt morgen
rītos morgens
rīts① Morgen
robeža⑤ Grenze
rotaļlieta⑤ Spielzeug
rotaslietas⑤Mz Schmuck
rudens③ Herbst
runāt③ reden, sprechen
runāt③ **pa telefonu** telefonieren (mit jmd.)
rupniecība⑤ Industrie

S

saaukstējies(m) erkältet
saaukstējusies(w) erkältet
sabiedrība⑤ Gesellschaft
sacīt②* sagen
sagatavot③ vorbereiten
saite⑥ Binde (Verband)
saknes⑥Mz Gemüse
sākt①a anfangen, beginnen
sala⑤ Insel
saldējums① Eis (Speise-)
salds süß
sāls⑦ Salz
salt①* frieren
salts kalt
samaksāt③ bezahlen
saņemt① empfangen,
sāpes⑥Mz Schmerz
sāpēt② schmerzen
saprast①* verstehen
saraksts① Fahrplan
sarežģīts kompliziert
saruna⑤ Gespräch
sarunāties③ sich unterhalten
satiksmes līdzeklis② Fahrzeug
satikt①a* treffen, begegnen
satikties① sich begegnen
saukt①b rufen
saule⑥ Sonne
sauss trocken
sēdēt② sitzen
sega⑤ Decke (Bett)
sekunde⑥ Sekunde
sens alt
sērkociņi①Mz Streichhölzer
siena⑤ Wand
sieva⑤ Ehefrau
sieviešu Frauen-
sieviete⑥ Frau
silts warm
sirsnīgs herzlich
sist①* schlagen
skābs sauer (Geschmack)
skaidra nauda⑤ Bargeld
skaists schön
skaļš laut
skaņuplate⑥ Schallplatte
skola⑤ Schule
skolniece⑥ Schülerin
skolnieks① Schüler
skolotāja⑤ Lehrerin
skolotājs① Lehrer
skriet①* laufen (rennen)
skumīgs traurig
skūpstīt② küssen
slāpes⑥Mz Durst
slapjš nass
slāpt①* Durst haben
slavens berühmt
slēgts geschlossen
slikts schlecht
slimība⑤ Krankheit
slimnīca⑤ Krankenhaus
slims krank
slinks faul (träge)
smaidīt② lächeln
smēķēt③ rauchen
smieties①* lachen
smiltis⑦Mz Sand
sodīt② bestrafen

sods① Strafe
sols① Bank (Sitzmöbel)
soma⑤ Tasche
spainis② Eimer
spēlēt③ spielen
sports① Sport
stacija⑤ Bahnhof
starp (+4) zwischen
starpniecība⑤ Vermittlung
starptautisks international
stāstīt② erzählen
stāsts① Geschichte
stāvēt② stehen
stāvoklis② Lage
stāvs① Etage
steidzams dringend
stikls① Glas (Material)
stils① Stil (Kunst)
stiprs scharf
stiprs stark
strādāt③ arbeiten
strādīgs fleißig
strādnieks① Arbeiter
strīdēties② streiten
strutas⑤Mz Eiter
studente⑥ Studentin
students① Student
stunda⑤ Stunde
sudrabs① Silber
sūdzēties② sich beschweren
summa⑤ Summe
sūtīt② schicken, senden
suvenīrs① Andenken
svaigs frisch
svarīgs wichtig
svars① Gewicht
sveicināt② grüßen
svešs fremd
svētki①Mz Fest
sviests① Butter
svinības⑤Mz Feier
svīst① schwitzen

Š

šad un tad ab und zu
šaubas⑤Mz Zweifel
šaurs eng
šefs① Chef
šeit hier
šis dieser
šķēres⑥Mz Schere
šodien heute
šoferis② Chauffeur
šurp hierher
Šveice⑥ Schweiz
šveiciete⑥ Schweizerin
šveicietis② Schweizer

T

tā so
tā vietā dafür (anstatt)
tabaka⑤ Tabak
tablete⑥ Tablette
tad dann
tāds solch
tagad jetzt
taksometrs① Taxi
tāls fern
tālu fern, weit
tante⑥ Tante
tāpēc deshalb
tāpēc, ka weil
tapt①* werden
tas jener
taupīt② sparen (Geld)
tauta⑤ Volk
tautība⑤ Nationalität
te hier
teātris② Theater
teikt①b sagen
teikums① Satz (Grammatik)
tēja⑤ Tee
telefons① Telefon
telegramma⑤ Telegramm
televizors① Fernsehgerät
telpa⑤ Raum
tēvocis② Onkel
tēvs① Vater
ticēt② glauben
tieši genau
tiesības⑤Mz Recht
tievs dünn
tikai nur
tilts① Brücke
tirdzniecība⑤ Handel
tirgus④ Markt
tīrīt② säubern
tīrs sauber
tornis② Turm
tradīcija⑤ Tradition
tramvajs① Straßenbahn
traucēt③ stören
trūcīgs arm
tualete⑥ Toilette
tualetes papīrs① Toilettenpapier
tukšs leer
tūlīt sofort
tulkot③ übersetzen
tulkotājs① Übersetzer
tulks① Dolmetscher
tumšs dunkel
tur dort, da
turēt② halten
turp dorthin
tuvs nah

U & Ū

uguns③ Feuer
ugunsgrēks① Brand
un und
universitāte⑥ Universität
upe⑥ Fluss
uz (+2) auf
uz (+4) in (Richtung)
uz kurieni? wohin?
uz priekšu geradeaus
uzcelties①a aufstehen
uzrakstīt② aufschreiben
uzturēšanās Aufenthalt
uzturēt② erhalten
uzvārds① Familienname
uzziņas⑤Mz Auskunft
ūdens③ Wasser

V

vāciete⑥ Deutsche
vācietis② Deutscher
Vācija⑤ Deutschland
vācisks deutsch
vadība⑤ Führung
vadītājs① Chef
vai ob; oder
vainīgs schuldig
vairāk mehr
vajadzēt② brauchen
vajag müssen
vakar gestern
vakariņas⑤Mz Abendessen
vakariņot③ Abendbrot essen
vakaros abends
vakars① Abend
valoda⑤ Sprache
valūta⑤ Valuta (Devisen)
vannas istaba⑤ Badezimmer
varbūt vielleicht
vārdnīca⑤ Wörterbuch
vārds① Wort; Vorname
varēt⑦ können
vārīt② kochen
vasara⑤ Sommer
vate⑥ Watte
vecaistēvs① Großvater
vecāki①Mz Eltern
vecāmāte⑥ Großmutter
vecpilsēta⑤ Altstadt
vecs alt
vecums① Alter
veidlapa⑤ Formular
veikals① Geschäft (Laden)
vējš① Wind
vēl noch
vēlāk später
vēlēties③ wünschen
vēlreiz noch einmal
vēls spät
veselība⑤ Gesundheit
vesels gesund
vēss kühl
vēstniecība⑤ Botschaft
vēstule⑥ Brief
viegls leicht
viela⑤ Stoff
vienkāršs einfach
vienmēr immer
vienreiz einmal
viens otru einander
viens pats allein
viesis② Gast
viesnīca⑤ Hotel
viesošanās Besuch
vieta⑤ Stelle, Ort, Platz
vietā dafür (anstatt)
vietas karte⑥ Platzkarte
vilciens① Zug
vingrināt② üben
vīrs① Ehemann; Mann
virziens① Richtung
viss ganz, alles
visur überall

Z

zādzība⑤ Diebstahl
zāles⑥Mz Medikament
zaudēt③ verlieren
zelts① Gold
zem (+2) unter
zeme⑥ Land; Erde
zemnieks① Bauer
zems niedrig
zēns① Junge
zīds① Seide
ziede⑥ Salbe
ziema⑤ Winter
ziemeļi②Mz Norden
ziepes⑥Mz Seife
zīmulis② Bleistift
ziņa⑤ Nachricht
zināt② wissen
ziņkārīgs neugierig
zivs⑦ Fisch
zobārsts① Zahnarzt
zobu pasta⑤ Zahnpasta
zupa⑤ Suppe

Der Autor

Bernardo Christophe: Ich bin 1963 in Rio de Janeiro (Brasilien) geboren und sowohl dort als auch in Dänemark aufgewachsen. Nach meinem Studium der Vergleichenden Sprachwissenschaft mit den Schwerpunkten finnisch-ugrischen, baltischen und skandinavischen Sprachen habe ich einige Jahre als Reiseleiter für deutsche Gruppen in Mittelnorwegen gearbeitet. Gegenwärtig bin ich im Bereich Sprachwissenschaft an der Universität Jena tätig.

Beim Verfassen dieses Kauderwelsch-Bandes haben mir viele Leute geholfen: Mein Lehrer in Göttingen, Prof. Dr. Wolfgang P. Schmid, hat in der Anfangsphase den Grammatikteil durchgesehen und „abgesegnet". Unentbehrliche Hilfe haben auch Magdalene Huelmann, Ojārs Rozītis sowie meine Frau, Barbara Christophe, geleistet. Einen besonderen Dank möchte ich an die Bearbeiterinnen des Verlags richten: Claudia Schmidt und Elfi Gilissen, die sich intensiv mit dem Manuskript beschäftigt und zahlreiche Verbesserungsvorschläge gemacht haben. Es hat mich sehr gefreut, dass sich zu den früheren Auflagen dieses Bandes einige Leser – auch aus Lettland! – mit Anregungen und Verbesserungsvorschlägen gemeldet haben. Ich bin sehr dankbar für Hinweise, die ich bei künftigen Auflagen berücksichtigen könnte.

Viel Spaß und gute Reise!